義務教育という病い

イギリスからの警告

クリス・シュート
呉 宏明 訳

SHORAISHA
松籟社

本書は、Chris Shute, *Compulsory Schooling Disease : How children absorb fascist values*, Educational Heretics Press, 1993. の全訳に、
論文 Alternatives to Schooling を追加論文として収めたものである。

日本語版への序文

一三〇年前に確立されたイギリスの公教育制度は、知的にも道徳的にも、まったく「無知蒙昧《もうまい》な民衆たち」が、仕事にありついたり、人びとと協調できたり、民主的な社会の中で市民としての権利を行使する術《すべ》を教えたり、そのような啓蒙《けいもう》的な役割を担ってきました。

私はこの制度の中で、長い間、語学の教師を務めてきました。教師になったばかりの頃は、自分の置かれている立場に対して、これっぽっちの疑問も感じませんでした。生徒が満足しているかどうかは別にして、学校教育の営みは、ある程度成功していると信じきっておりました。もし生徒が、学校に来ることを拒んだり、与えられた課題をこなさなかったりすれば、生徒自身がなすべきことをするように、当然のように指導しました。つまり、生徒たちが成人になっ

た際に何が役に立つのかを、その親たちよりもはるかに知っている熟練教師として、生徒を教室に連れ戻し、課題をこなすよう叱咤激励《しったげきれい》していたのです。

しかし、教師生活の後半ごろになると、このような教育のあり方に疑問を持つようになりました。それだけでなく、イギリスの公立学校の教師として、疑問をいだくことそれ自体が、さまざまな意味で、「危険なこと」であるのに気づきました。既存《きそん》の学校制度が、この危険な問いかけに対して、まったく応《こた》えられないがゆえに、いっそう危険なわけです。その問いかけとは、こういったことです。「もし、子どもたちが、もっと自由で成熟した大人になることを望むなら、何を学びたいのか、どういった服装でいたいのか、課題を成し遂《と》げるのにどれくらい自由に時間を使いたいのか、こういったことを学校の中において、子どもたち自身が選択できるようにはならないのだろうか」。また、「近代的で民主的な社会における市民を育成しようとするならば、民主主義にもとづく日常生活を生きるのに必要な、さまざまな規則をつくる過程《プロセス》に、子どもたち自身が参加できないのは、矛盾しているのではないか」。あるいは、「子どもたちがお互いに尊敬しあうことや、社会がゆとりを持っていることを希望するなら、子どもたちに対して、なぜもっと誠意ある態度で接しようとしないのか。結局、子どもに対する大人の偏狭《へんきょう》な姿勢が、子どもに大きな影響を与えているのではないか。この偏狭な姿勢ゆえ、教師や親は、子どもたちの感情や反応を、どうでもいい、すぐに忘れてもいいもののように扱うのではないだろうか」。

こういった問いかけを、考えれば考えるほど、私にとって教師という仕事がますます困難になってゆきました。私は、あきらかに授業では、生徒たちにつまらない体験をさせていると自覚していました。にもかかわらず、授業中だけでなく、学校にいる時間のあらゆる場面で、生徒たちを憂鬱《ゆううつ》な表情にさせていることに、それまで気づかないでいたのです。つまり、多くの生徒たちにとって、学校という所は、憂鬱な場所であるばかりか、すぐにでも出たいけれども出られない、まるで一日中監獄《かんごく》にいるような絶望的な所ではないだろうかと、気づいたのです。学校は、子どもたちがどう感じるのかということが全く配慮《はいりょ》されない空間であり、仮に教師が間違ったことを生徒にしても、何かにつけて罰せられることがあたり前となっているために、生徒による反論が許されない異空間なのです。

制服を着用しない子ども、宿題を忘れたり遅刻したり早退したりする子ども、個人の主張を持ち自分のペースにあわせて行動する子ども、こういった子どもに対して、学校は、統制《とうせい》することができないのではないかという、恐怖と怒りが混ざりあった反応をするのです。

このような、子どもたちにもはや十分に対応できない学校教育が、生徒たちが卒業してから後に引き起こされる社会問題に、必ずといっていいほど繋《つな》がっていることに気づきました。

そして、なぜこんなに多くの子どもたちが、優秀な教育の専門家による学校教育から巣立って行ったあと、何をしたらよいのか分からず途方にくれた状態に陥《おちい》るのか、私は自問自答する毎日を繰りかえしておりました。学校で学んだ子どもたちは、深く思考することもなく、知的な興味を持つこともなく、学ぶこともなく、そして世の中や周囲の世界に対して、学校に入学する前よりも、明らかに好奇心がなくなっているのです。だからといって、もし子どもを学校に行かせない親がいれば、まるで犯罪者であるかのように見なされてしまいます。私は、学校で学ぶということが、子どもたちの多くを無気力にし、生き生きとした幸福な大人になることを、じゃましていると確信しました。

こういった一連の考えをさらに進めていくと、暗澹《あんたん》たる状況に行きつくことが見えてきました。もし、私たち教師の考えをそのまま子どもたちに押しつけ、教師が取り決めた規則に対して子どもたちが疑いを持つことを許さず、子どもたちを服従させようとするならば、いったいどんな社会が待ちうけているのでしょうか。

たいていの社会では、子どもたちは大人となり、市民となり、選挙の投票者となり、そして一人ひとりの決断が次世代の政治的環境をつくります。しかし、もし大多数の人びとが、自分の頭で判断することを投げだし、誰か他の人によって誘導《ゆうどう》されなければならないとしたら、強力な指導者や独裁《どくさい》者の手に政治が委《ゆだ》ねられてしまうでしょう。行きつくところは独裁政権であり、それが最も自然なかたちの政府となってしまいます。結局、こういった独裁的な政府が、最も近代的で人道《じんどう》的な公立学校においてさえも、生徒のあらゆる側面において、感じたり判断したりする際にベースとなる、人間の根底的な価値観を植えつけていくのです。

良心的な教師は、生徒たちを、一人ひとり独自の個性を持った多様な存在として扱います。生徒が、予想外のユニークな作品を制作したり、人とは違った意見を言ったり、あるいは規則から少しズレた行動をしたりしても、けっこう寛容《かんよう》な対応をします。さらには、生徒たち自身に学校の規則をつくらせたり、生徒が学校生活にどういう思いを持っているのかを訊《き》いたり、学校教育を改善するための交渉を生徒たちに認めたりする、そのような教師もおります。

でもこのような教師は必ずしも「優秀な教師」とは見なされないのです。むしろ、イギリスの公立学校における「優秀な教師」とは、学校での生徒たちを静かにさせ、授業の進行も整然《せいぜん》としたもので、生徒全員をテストに合格させ、そして、生徒が言ったことを深刻に受けとめるようなことは間違っても絶対にしない、そのような教師なのです。大半の生徒は、こういった教師を「良い教師」だと思いこみます。そのなかでも特に、クラスを統制《とうせい》することができて、そのうえにユーモアをもって授業を楽しくする教師が、大半の生徒たちの理想なのです。しかし、たとえ教師が、子どもたちに親切で思いやりがあったとしても、まじめに質問に応じなかったり、意見の相違を認めない教師は、本当の意味での教育者と呼べるでしょうか。物事の本質が見える生徒が、少数ながらも、きっといるに違いありません。もちろん、そういった疑問は当然、生徒が教師に直接言うべきことではありません。むしろ、責任ある大人が、子どもたちを代弁して、疑問をぶつけねばならないはずです。教育制度が取り返しのつかない状態に陥《おちい》る前に、はっきりと提起しなければならないのです。

私は、日本の大人が子どもに対してどう振るまっているのか、よく知りません。テレビや本から得たわずかな知識しかないのですが、日本の親は子どもをとても愛し、子どもにとって最善のことをしようと努力しているように思います。けれども、他方では、日本の教育制度においては、受験のために子どもたちに厳しい学習を強《し》いており、将来の進路に対する決断を急《せ》き立てているように見えます。私はこの著書で、知識を十分に与えることによって良き市民をつくるという価値観を批判しているのではなく、非常に統制《とうせい》された環境の中で行使される強制力によって、子どもたちの好奇心が絶えずせき止められ、歪《ゆが》められ、健康的で無邪気な子どもの持つ衝動の、自然な発露《はつろ》が妨《さまた》げられる、そのような教育のあり方を批判しているのです。どのような国家においても、意図的に子どもたちに危害を与えることはしないと思うのですが、しかしながら、義務教育は、イギリスであれ日本であれ、そこを通過する子どもたちに、間違いなく危害を与えていると考えます。

成績が悪いと絶えず咎《とが》められている子ども、興味もない科目を、自分の感情を押し殺しながら、強制的に学ばされている子ども、親の期待に応《こた》えることができず、試験に落ちて自殺をする子ども、権威主義的な教師を「良い教師」として崇《あが》め、その似たような指導者を待望《たいぼう》する子ども……、悲劇的な被害が制度によって現実に引き起こされているのです。ただ単に、便利で、安く、機能しやすい制度というだけで、いまなお、親や教師に受け入れられてしまっているのです。

二〇〇一年二月

クリス・シュート

義務教育という病い

目次

日本語版への序文 003
一九六〇年代以降のイギリス教育改革の展開 019

第1部　何が問題なのか

まえがき……031
人間尊重と自由／社会が病いを生みだす／力はかならずしも正義ではない

1章　学校は子どもたちにとって良い所ではない……035
いびつな空間／学校教育にとって「危険思想」とは？／グラマースクールの教師として／教育の現実に直面して／学校はファシスト養成機関

2章　学校にみられるファシズムの兆候……050
侮辱による政府／学校における専制／親の子ども観のみなおし／学校は子どもの敵

3章 ファシズムを助長する学校環境……059
逃亡の自由／学校はいびつな空間／学校は悪魔の工場か？／
大集会の魔力／民主主義の育成／
学校は子どもを生かすのか？ 殺すのか？／
教師がいちばん賢いのか？／暴力による文化／
なぜいじめをなくすのに時間がかかるのか？／教師の頽廃／
考えさせられたある生徒からの一言／教室を力で制する教師／かいつまんで言えば

4章 何が正しいのか……078
異なった法と異なった公正さの基準／T先生の教室は戦場のよう／
これしか教授方法はないのか？／罪と罰／
結局、学校教育はいつになっても変わらない……／
その子の心の中に率直な自分がある／おい、こら「生徒手帳を見せなさい！」／
かすかな望み――体罰がなくなる日／ただ、たまたまそこにいただけ／
専門職としての教師と体罰／どうやって学校を変えるのか？／
学校における道徳的価値基準／だれが校則を決めるべきか？

5章 全体主義カリキュラム

5章 全体主義カリキュラム……098
君の心をあずけなさい／教師にとって厄介な生徒の質問／子どもにとって本当に大事な知識とは？／バトラー法によって生じた「はきだめ」／平等という名の養鶏小屋／誤診にもとづいた「正しい治療」／子どもたちは大人の所有物ではない／危険な子どもたちとは？／事務員養成機関としての学校／ほんらい学校とは楽しいところ／難解な質問／神話の力／子どもも親も学校はイヤなところ／価値ある知識を学校で学べるか／二度もだまされる子どもたち

6章 大人によって支配される学校

6章 大人によって支配される学校……120
自由のために／大人による帝国主義／最初の災難／敵か味方か／抑圧された者の文化／なぜ見えないのか？／教室はB先生の軍基地

7章 アリス・ミラーと子どもにおける精神障害……133
親による「魂の殺人」／良くても悪くても親は親／子どもの言い分は聞くものでない／精神分析医はまず自己を知れ／第十一戒「汝、忘れるべし」／永遠の道場／避けられない事実／訓練か虐待か／変革の時

8章 教育の現状を打破するために……144
学校は子どもたちのもの／真実が教えられるところ／校長はいらない／命令する権限はだれの手にあるのか／課題を完了する必要はない／しかし課題をしなくてはいけない

第2部　学校から離れたもうひとつの教育

9章　教育を親の手に！……155
教育を親の手に！／教育は一方的に教えるだけではない／なせばなる！／単なる科目を教えるよりも、共に時を過ごすこと！／おおいに遊ぶ／さあ、勉強をしよう！／選択なき選択／子どもたちは怠惰ではない／実際に役立たないカリキュラム／学校から離れてうまくいったケース／社会との関わり／「地獄とは他の人びとと関わることである」／家庭は思いやりのあるところ／結果よければ、すべて良し／家庭での教育という王道／ブラジル的解決策？／これまでのまとめ

10章
誰にでもできる家庭での教育……191
家庭の教育とはどのようなものか？／誰でもできる家庭での教育／大人の世界観を押しつけない／家庭においてどのような授業をするのか／意欲ある学習が意味ある学習／良いバランス感覚／「ゆっくりと急いで」／学校は工場か？／学校でなくても学べる／子どもの行為に見られる原則／子ども中心主義の思想はまだ生きている

訳者あとがき　219

一九六〇年代以降のイギリス教育改革の展開

まず、一九六〇年代のイギリスにおいて、教育制度の大きな改革が行なわれました。この改革は、第二次世界大戦以降、なおも存続《そんぞく》していた教育制度に対する、強い反発から生まれたものでした。一九四四年の時点では、何百万人ものイギリス国民は、連合軍が勝利することを切望《せつぼう》しておりました。そして、自分たちの親しい者の命だけでなく、すべてを奪った独裁《どくさい》政治を打ち倒すことを願っていました。このような時代背景から、一九四四年の教育改革では、たとえ表面的なものであっても、機会《きかい》均等《きんとう》を与えてくれる平等主義に基づく教育法を望んでいたわけです。

一九四四年の教育法には、子どもたちの知的能力は十一歳の時点で判定《はんてい》できるという考え方がベースにあります。そしてこの年齢で、子どもたちの進路は、三つのコースに選別《せんべつ》されました。つまり、大きく分類しますと、書物による学問的な知的訓練を重視したコース、実利《じつり》的で技術的な技能訓練を重視したコース、そして、工場労働者や事務員、タイピスト、主婦といったような、その時代、あまり熟練《じゅくれん》を要求されなかった階層《かいそう》を養成するコース、これら三つのコースの教育機関に選別されました。一九四四年以前は、大多数の子どもたちは、中等教育を受ける機会がありませんでした。子どもたちの行く学校はエレメンタリー・スクール［本書103頁註★2参照］と呼ばれ、十四歳までそこで学んだのです。その教育内容は、現在の十一歳まで行く学校で学ぶことを、少し時間をかけて延長《えんちょう》したものでした。

このような学校で学んだ子どもたちの中には、さらにその上のセカンダリー・グラマー・スクールに進学するための、競争率の高い試験を受験した者も少数ながらおりました。しかし、一九四四年以前は、せいぜいいても近所に一人くらいで、学校側が要求するかなりの学力を持ち、なおかつ補助金をもらいながらも親が学費を負担《ふたん》できる子どもに限られておりました。セカンダリー・グラマー・スクールに進学するための試験に受かった子どもたちは、アカデミックな学習を経《へ》て、大半は大学または高等専門学校に進学していったのです。これ以外の子どもたちは、一九四四年以前においては、工場や会社に勤《つと》め、単純労働を主とした仕事に就《つ》くほか道がありませんでした。

しかし、一九四四年の教育改革は新しい展開をもたらしました。つまりグラマー・スクール〔本書39頁註★2参照〕の数が一気に増え、従来の高い知的訓練を中心としたパブリック・スクール〔本書210頁参照〕の教育内容を、イギリス全土に無料で提供したのです。また、技術教育を中心にすえたテクニカル・スクールの設立も考案され、近代的機械工業に対応した知識・技能を学ぶ教育機関が設置されました。第三番目のタイプのセカンダリー・モダーン・スクール〔本書103頁註★2参照〕と呼ばれる学校も、各地域に設置されました。そこでは、元兵隊出身の教員が配属《はいぞく》されました。この兵隊出身の教員は、特別な教員養成《ようせい》機関で、兵士から教師になるために、わずか一年と少しの期間で養成されたのです。このような教師は十五歳までの子どもたちを担当し、卒業後に就《つ》くであろうと考えられる職業の準備をしたのです。

セカンダリー・モダーン・スクールは、ある面では、子どもたちの学力をつけるために熱心な取り組みを実践《じっせん》しました。けれども、もし、グラマー・スクールに入学するための、あの悪名《あくみょう》高い「イレブン・プラス」[★1]（十一歳試験）に合格できなければ、名実ともに「落ちこぼれ」という烙印《らくいん》をおされる恐怖心に、親と子どもは悩まされることになったのです。この「落ちこぼれ」印は、その後の人生の進路を決定づけるもので、経済的な圧迫《あっぱく》と文化的な貧困に陥《おちい》ることを余儀《よぎ》なくされたのです。

一九六〇年代の初め頃に、教師のあいだで、今までの教育制度に対する不満が出はじめました。教師たちは、いままでの教育制度では、子どもたちが自分の持っている能力を十分に発揮《はっき》できないと、考えはじめました。十一歳試験は、「優等生」だけを子どもたちの中から選別する制度で、大多数の普通の子どもたちにとっては、達成すべき目標に到達できず、すべてにおいて失敗したという挫折《ざせつ》感だけを植えつけるものだったのです。まぎれもない事実として、現在に至るまでの教育制度は、個々の子どもたちに合った進路を見つけるのには、まったく適していないのです。また、十一歳試験は、子どもたちを、いくつかのブロックとそれ以外の反抗的な大多数に分けるための、社会に打ち込まれる楔《くさび》として機能《きのう》しているのです。

またこの頃、大きな規模の学校を建設する試みがなされ、近隣《きんりん》の子どもたちの大半が、この種の学校で学ぶことになりました。それらの学校の教育内容は、従来のグラマー・スクールの教科内容を含んでおり、実用《じつよう》的なことに興味のある子どもたちを想定《そうてい》して教えられました。この種の学校は「バイラテラル学校」（二つの学校）とも呼ばれ、グラマー・スクールとセカンダリー・モダーン・スクールの二つのコースの学校が一つの学校に設置されたものです。この二つのコースの学校は、それぞれコース別に生徒を分けて教えました。子どもたちが高学年になれば別のコースに移ることは可能でしたが、でも、この二つのコースは、あくまで別々の学校として維持されました。

労働党が一九六〇年代に政権を握《にぎ》ると、政府はグラマー・スクールをつぶそうとしますが、なかなか実施《じっし》できませんでした。というのは、労働党は中産階級の票に大きく依存《いそん》していましたので、改革に躊躇《ちゅうちょ》したからです。しかし、重い腰を上げて、十一歳試験を廃止《はいし》せよという大きなうねりにこたえる政策を打ち出しました。従来の教育制度から移行したい地域に関しては、コンプリヘンシブ・スクール（総合制中等学校）を創設《そうせつ》するという提案をしました。これらの学校は、地元のプライマリー・スクール（初等学校）を卒業した子どもたちをすべて受け入れ、一同に教育をしながらも、子どもたちのニーズに合わせて、時には従来のカリキュラムを改良するといった試みをもしました。コンプリヘンシブ・スクールによっては、グラマー・スクールと他の学校との違いを完全になくすところまで改革を行なった学校もありました。教師たちは、子どもの能力に応じた教育方法を用いることを奨励《しょうれい》し、よくできる子どもには難しい課題を、学習に時間がかかる子どもには取り組みやすい課題を与えたのです。

こういった考え方はどちらかといえば理想主義的なもので、子どもたちのほうはといえば、

★1　初等教育が終了する十一歳のときに行なわれる統一試験。この結果によってグラマー、テクニカル、モダーンの三類型別のいずれかの中等学校に入学することになる。一九六〇年代に労働党政権が推進した総合制化を行なわなかった地域では、現在でもこの試験によって子どもたちの進路が決定される。

誰が優秀で、誰ができないのかということを知っています。そして、最も革新的《かくしん》なコンプリヘンシブ・スクールにおいても、たとえ中産階級の子どもたちと労働者階級の子どもたちが常に一緒に交わることがあっても、同じ価値観を共有できるとはかぎらないのです。それでも、コンプリヘンシブ・スクールを普及《ふきゅう》させる運動は、それまでの教育制度よりも、すべての子どもたちに与えるべきものを与えることのできる最良の方法を広める運動として、教師たちのあいだで認められていきました。

しかし、従来の教育制度は、なかなかすんなりとその終わりを迎《むか》えることはありませんでした。大半の地域では、親たちが、十一歳試験が維持されることと、グラマー・スクールが存続することを要求しました。その結果、知的水準の高い子どもたちは、異なった教育環境を求めて、私立の競争力の高い学校に通い、大半の近所の子どもたちと歩調《ほちょう》を合わせることはありませんでした。そのうえ、コンプリヘンシブ（総合的または包括的《ほうかつ》）という名称をかかげながらも、実際には優秀な生徒はごく稀《まれ》にしかいませんでした。中産階級の家庭の中には、十一歳試験に合格しても、その子どもをコンプリヘンシブ・スクールに通わせるケースもありましたが、でもごく稀なケースにしかすぎませんでした。

サッチャー首相とその保守党政権は、一九七九年の選挙で勝利をおさめました。彼女自身はグラマースクールの出身者で、イギリスの教育を彼女流の高い水準にまで引き上げようと堅く決意していました。サッチャーは、イギリスの教師たちは怠惰《たいだ》な危険分子であると決めつけたばかりか、教師はイギリスを社会主義国家に変革することしか考えていないと、思いこんでおりました。サッチャーは教育大臣に、イギリス教育の病理《びょうり》——彼女から見た病理——を治療《ちりょう》する処方箋《しょほうせん》をつくらせ、急進的《きゅうしん》な解決策を提起《ていき》するよう命じました。結論として、教師は、教えるべきことを教えていないとみなされ、すべての教科において効率《こうりつ》良く教えようとはしていないばかりか、賃金にみあうだけの時間さえも働いていないとみなされました。そして、諺《ことわざ》のように「靴下をはきなおす」ことを徹底《てってい》するよう言い渡されました。

教育大臣のケネス・ベーカーは、教育改革（一九八八年）を実施《じっし》する中で、教師にさまざまな新しい契約《けいやく》を結ぶことを要求しました。年間の最低勤務《きんむ》時間を厳守《げんしゅ》することを取り決めたのもその一つです。さらにベーカーは、ナショナル・カリキュラムを制定し、イギリスのすべての学校がこのカリキュラムに従うよう徹底しました。また彼は、各学校の生徒がどのような成績をおさめているのかを知るために、ナショナル・テスト制度を立ち上げました。そして、このテストの結果は新聞に公表され、すべての人に配布されることになりました。つまり、親たちに、成績優秀者を多く輩出《はいしゅつ》する学校を選ぶための情報を提供したのです。保守党の教育政策のビジョンに顕著《けんちょ》に現われた特徴、それは、お金さえあれば親が進学に有利な学校を選べるといった、市場経済の原理を導入《どうにゅう》している点にあります。

一九九七年には労働党が政権を奪還《だっかん》しましたが、労働党政権はそれまでの保守党の教育政策を踏襲《とうしゅう》したばかりか、さらにいっそうその政策を押し進めようとしました。イギリスの学校は今や、かつては教師たちによって厳《きび》しく抵抗されてきた、知識つめ込み中心の受験戦争に突入しようとしているのです。しかし、労働党は、選挙に勝つためには、こういった教育体制を支持している有権者の要望《ようぼう》に確固たる姿勢で応《こた》えることが、最も有効な票集めの鍵になると信じているのです。

これは著者自身の私見に基づいて、一九六〇年代以降のイギリスにおける教育改革の変遷《へんせん》を概説《がいせつ》したものですが、本書を読むにあたって参考になれば幸いです。

クリス・シュート

二〇〇二年十月

義務教育という病い——イギリスからの警告

第1部
何が問題なのか

まえがき

権威《けんい》主義が徹底した現在の学校教育は、子どもたちがいつまでも自由になれない環境を作っています。そのため、学校が定めた独善《どくぜん》に満ちたありとあらゆる取り決めに、何の疑問も持つことなく、ただ教師の言うとおりにすれば、学業においても、人生においても、成功するという考え方が、自然に体《からだ》に染《し》みついてしまいます。しかし、逆に、子どもたちが、ちょっとでも自分の道を自分の足で歩もうとすれば、こっぴどく罰せられるのです。学校教育は、書物から学ぶことと、難解な事柄をさも意味ありげに教えこむことを重視します。そして、多数の科目をこなす能力がなければ、「馬鹿」とか「落ちこぼれ」といったレッテルをはられ、人生において何度か合格しなければならないさまざまな厳《きび》しい試験に、間違いなく落伍《らくご》するという

烙印《らくいん》を押されることになります。こういった環境は、いわゆる「文明先進国《せんしんこく》」において、避けて通れない問題なのです。

◉人間尊重《そんちょう》と自由

現在の学校状況を真剣に考えれば考えるほど、子どもたち一人ひとりが、お互いの人間性を尊重し、そして、自由に考えて振るまえるようにすることが必要だと、お気づきになられるでしょう。そのためには、私たちの教育制度を、大英断《えいだん》をもって、早急に変革しなければなりません。

すくなくとも民主的な国家というものは、国民個々の自由を尊重しなければ成り立ちません。だとすると、同じように、子どもたちの自由も保証《ほしょう》しなければならないはずです。二〇世紀、私たちは二つの世界大戦と数知れないさまざまな戦争を経験しました。世界大戦は、ヨーロッパの国家および国民の基本的自由を守るための戦いであったと述べる人もおります。そのような人は、ヒトラーやファシストの政治思想が、あたかも宇宙の彼方《かなた》からやってきたかのように反応しました。けれども、すべてのファシズムや全体《ぜんたい》主義《しゅぎ》権力の思想は、まさしく、国家の内側から発生したのです。子どもの成長過程がそうであるように、現存《げんそん》する政治体制のまっただ中で育《はぐく》まれ、成長していったのです。

社会が病いを生みだす

ヒトラーのような人間がこの世に存在したという憂鬱《ゆううつ》な現実は、ヒトラーを支持した人たちが、悪魔に魂《たましい》を奪《うば》われたり気がふれたりしたからではなく、社会全体にファシズムを受け入れる素地《そじ》があったから、登場したのです。というのは、ヨーロッパのすべての人びとは、大人中心、とりわけ男性中心の社会に育ち、親は子どもに対し、忠義《ちゅうぎ》と服従のみを唯一の正当《せいとう》な価値として強要してきたからです。新しい勢力に対してどう対応していいのか、とまどっている間に、最も力の強い社会構成員が支配するということに慣《な》れてしまい、民主主義社会があっという間に崩壊《ほうかい》したのです。

力はかならずしも正義ではない

私たちの教育制度では、「力は正義なり」という考え方の愚《おろ》かさや、教える側の人生観によって個人の判断が規制《きせい》されるべきでないといったことは、基本的には教えられてきませんでした。すくなくとも、民主主義をどの政治体制よりも好ましいと考える人びとは、この学校教育の現実から目を逸《そ》らしてはいけません。今日の学校教育では、子どもたちからの要求を受けとめようとする姿勢はまるでなく、ただ従順《じゅうじゅん》、服従《ふくじゅう》、追従《ついじゅう》といったものだけが尊《とうと》ばれ、自分自身のやり方や考え方を貫《つらぬ》き通そうとする「ふとどきな」子どもたちは、罰せられ、落ちこぼれとして扱われるのです。

1章 学校は子どもたちにとって良い所ではない

学校とはいったいどういう所なのか。また、生徒に対してどのような影響を与えるのか。これがこの本の主題です。

この本は、学校は良い所ではない、という前提に立って書かれてあります。おおかたの「文明国」では、子どもたちが学ぶ場所として、学校はとても「良い所」だという、思いこみにとらわれております。でも、私は、子どもたちが学校教育に多くの時間を費《つい》やすのは、まったく無駄《むだ》であり、多くの子どもたちにとっては、一生にわたって不幸なことになるとさえ、考えております。

近代教育のさまざまな問題を解決するためには、もっとたくさんの資金を学校に投入しさえすればいいとか、教師がいっそうの努力をするのが最善策《さいぜん》だとか、そのように考える人たちがいます。そういう人たちにとって、私の主張は、ずいぶんと煙《けむ》たいものでしょうね。とりわけ、教師という職業に全力をかたむけている人たちは、私の意見に対し、強い反発を感じるかもしれません。そのことについては、率直にお詫《わ》びしたい。

けれども、そういった反発は、私の言っていることが間違っているから、そう感じているのではなくて、むしろ教師の多くが、どちらかというと理想に傾き、次の世代になにかを伝えるうえで実利をぬきにして考える傾向があるから、そう感じるのです。つまり、学校制度を織《お》りなしている一本一本の糸に、明らかな欠陥が存在しているにもかかわらず、そのことに無自覚な態度について人から批判されるのを、ものすごく嫌《きら》っているのです。でも、あいにく、教師は学校を運営する担《にな》い手であり、また生徒たちの人間的な側面にかかわっているのも、教師なのです。ですから、私が学校を批判するときには、教師もそのなかに当然含まれるわけなのです。

私は二五年以上も教師という職に就《つ》いてきました。多くの教師がそうであるように、私もまた、学ぶということに情熱を持っており、そして同じように、子どもたちもまた学びたいという意欲を持っていると信じていたから、教師になりました。もともと私は本を読むのが好きで、子どもたちに教えることによって、自分の学習もできるという思惑《おもわく》もありました。けれども長年、実際に教壇《きょうだん》にたっていると、子どもたちの大部分にとっては、教室にいるということが、たいへんな苦痛であることに気づきました。このことは、当初は、さほど大きな問題として考えておりませんでした。というのは、その当時はまだ、問題児はそれほど、めだった存在ではなかったからです。「問題のある家庭」から来た生徒たちが、家庭の問題をそのまま学校の中までひきずっているという、単に一時的な現象にすぎないと思っておりました。ですから、他の生徒たちにとって教育上の妨《さまた》げにさえならなければ、大きな問題ではない、とさえ思っていたのです。

扱いにくい生徒にうまく対応している教師は、きまって規則を重視し、そして厳格《げんかく》だったりします。新米の教師がみなそうであるように、私もこのやり方に従いました。教室では、水も洩《も》らさぬほどの統制《とうせい》を保《たも》つような、そういうベテラン教師の姿を目の前にし、例にもれず、私もまた自分のクラスで、その通りに実行したわけです。多くの失敗を繰りかえしましたが、クラスの生徒全員を掌握《しょうあく》できたときには、手ごたえを感じ、なんだか素晴らしいことを達成できたかのような充実感をも覚えました。そしてもちろん、下級生を教える上級生に対しても、「どんなことをしてでも、生徒たちを押さえつけろ。生徒たちを押さえつけることができなければ、どのようなことも上手《うま》く教えられない」という、とっておきの教授法を伝授《でんじゅ》したわけです。

◉いびつな空間

「古典的な規律」を重んじる教育に対して、最初に疑問をなげかけてくれたのは、テリーという少年でした。テリーは、イースト・ロンドン★1出身の、ややずんぐりした十五歳の男の子でした。彼は、グラマースクール★2に入学する学力を十分もっていましたが、ガリ勉というよりは機転《きてん》のきく、かしこい生徒でした。けれども、私とテリーとの関係は、たえず好戦《こうせん》的なものでした。テリーは、私の言うことを全く聞いてくれず、問題をおこすたびに、放課後に彼をしょっちゅう引き止めたり、ときには体罰を加えたり、えんえんと彼との対決がつづきました。ですから、テリーは私を嫌《きら》っている、と思っておりました。

ある朝のことです。地下鉄に乗って学校に行く途中、テリーが同じ車両に乗りこんできたのです。気分の悪い一日がはじまるなと気が滅《め》いりそうになりました。私は、彼が近づいてくるのを、心のなかでは避けていました。よりによって、彼は私の横に座り、さわやかに「おはようございます、先生」と挨拶をしたのです。私もすかさず「おはよう、テリー」と言いながらも、おだやかな朝のひとときをぶちこわされたという、がっかりした表情を顔にださないように、とりつくろいました。けれども、そんなことはおかまいなしに、テリーは、元気よく、彼の趣味、家族、将来について、私に語りはじめるじゃないですか。意外にもテリーは、なんの不快感《ふかい》も与えることはなかったのです。

そして、下車するまで、テリーと二人でおしゃべりを楽しみました。私たちは、地下鉄の駅を出て、大通りを渡り、学校へ通じる道を一緒に歩きました。びっくりするほど彼は、礼儀正しく、おとなしい子どもでした。でも、校門をくぐるや否《いな》や、いつもの「問題児」テリーに戻りました。それは、あたかも二つの世界があって、その場に応じて敵‐味方に分かれている、そんな奇妙でいびつな空間に引きずりこまれているようでした。テリーは、友達の所へと、けたたましく駆《か》けていきました。私は、彼のあまりの変貌《へんぼう》ぶりに、狐《きつね》につままれたみたいに、わけがわからなくなりました。

★1 ロンドンの中心部にあたるシティの東部地区をいう。特にイースト・エンドは労働者の居住地区となっている。現在、イギリスの旧植民地出身の移民が多く住む。

★2 一九四四年教育法により、戦後広く普及した三類型別の中等学校（グラマー、テクニカル、モダーン）のうちの一つ。グラマースクールは古典語や文法の習得など大学進学を目標とするエリート校であり、テクニカルスクールは普通教育と技術系の課程をあわせもつ。モダーンスクールは実用的な普通教育を行なう。この三つのコースの入学者の割合は、グラマー・一五〜二〇％、テクニカル・一〇％以下、モダーン・七〇％以上。二宮皓編『世界の学校――比較教育文化論の視点にたって』、福村出版、一九九五年、一一八頁を参照。モダーンスクールについては、本書103頁の訳註★2及び★3を参照。

◉学校教育にとって「危険思想」とは？

学校は、ほんとうに子どもたちに、教育というものを授《さず》ける場所なのだろうか？　テリーと地下鉄で出会ったことは、そんな単純だけれど根本的な疑問について、考えるきっかけを私に与えてくれました。学校の中では、あんなに私を嫌《きら》っていた少年が、学校の外では、どうしてあんなに良識《りょうしき》的に振るまえるのか。学校にいるというだけで、あのような行動の変化を生じさせるというのに、社会が私たち教師に給料を払ってまで、子どもたちを学校に留《とど》めておく意味が、いったいどこにあるのだろうかと、疑問を感じはじめました。テリーは学校から離れると、さわやかでしっかりした少年でした。なのに、学校にいるときは、無責任で人の気分を逆《さか》なでするような、ひどい生徒でした。彼の学校内での振るまいだけを見る限りは、学校の外に出るや否《いな》や、豹変《ひょうへん》するようには、どうしても思えませんでした。

しかし当時、私はこのことを深く反省する時間と余裕がありませんでした。私は、教師生活をずるずると、結局いままで通りに続けざるを得ませんでした。もし、あの時、学校は子どもたちにとって最悪の場所だという結論に達していたならば、選択の余地なく、私は学校を去り、まったく別の仕事に就《つ》いていたでしょう。結局、十分な勇気もなく、また十分に考えぬくこともしないまま、グラマースクールの教師として留《とど》まりました。

ちょうどその頃、ペンギン教育文庫★3で、ジョン・ホルト★4という教育者の書いた本に出会いました。アメリカ合衆国の小学校での観察をもとにして書かれた『子どもたちはどうつまずくか』★5という本でした。この本には次のようなことが書かれていました。学校という所は、子どもたちが教師から、あらゆることを学ぶ機会を与えられている所ではない。そうではなくて、教師が望む正しいとされる答えを強要する所なのであって、そうすることを通して、他人の反応に注意しなければならないといったような、そつのない品行が重視される、そういう所なのだと。

ホルトは、彼の教え子たちの行動様式から、いくつかの事例をとりだしています。そのひとつに、生徒が教師の問いに回答する際、生徒独自に問題解決のための論理を組み立て、もの

★3 イギリスに本部をもつペンギン出版社のペーパーバック・シリーズで、教育の分野の良書が収録されている。他にも「哲学」・「科学と数学」・「歴史」・「辞書と参考図書」等の文庫がある。

★4 ジョン・ホルト（一九二三〜八五年）ニューヨーク生まれ。第二次世界大戦では海軍に入隊。その後、アメリカ各地の学校で教鞭をとる。一九七〇年代に北米で展開されはじめたホームスクーリング運動の実践で知られる。グローイング・ウィザウト・スクーリング（学校教育なしの成長）というニュースレターを発行。邦訳された著書に『子どもたちはどうして落ちこぼれるか』（一光社、一九八七）、『子どもたちはいかに学ぶか』（一光社、一九八七）、『なんで学校へやるの──アメリカのホームスクーリング運動』（一光社、一九八四）などがある。ジョン・ホルト『子ども達はどうつまずくか』、吉田章宏監訳、評論社、一九八一年を参照。

★5 原著タイトル　John Holt, *How Children Fail*, Pitman Publishing, New York, 1964, Reprinted in Penguin Books, 1990.

ごとを考えることを、生徒自身が極力さけようとする傾向がみられたそうです。むしろ生徒たちは、教師がどういった答えを欲しているのかを探るための、手のこんだあらゆる策略《さくりゃく》を駆使《くし》する方法を考えようとした、とのことです。

長時間も教室に座らされ、教師が望むように回答することばかり思っていると、結局、なにも学んでいないのと同じことになります。それだけでなく、もっと悪いことがあります。この点については、ホルトが洞察《どうさつ》しているのですが、私も同感です。つまり、単に、人から聞いたことを、そのとおりに真似《まね》する能力だけを誉《ほ》めるのであれば、たとえば学校で学ばなくても言葉が話せるようになるといったような、子どもたちが本来もっている自然な学習能力が、失われることになってしまうのです。

どんな教師にしろ、「偉大であるという証明印」を押された教育家の教育思想を、ひとたび大学の講義室から実際の教育現場に持ちこんだとき、なんとも愚《おろ》かしいことになってしまいます。このことは、ルソーの『エミール』★6やA・S・ニイル★7といった教育思想家の、思春期に関する著作を思い浮かべれば、おわかりいただけるでしょう。私は、長年の教師生活を、いくつかの異なった学校教育の現場で、ごく普通の信頼される教師として、さしたる疑問も不満もなく仕事をこなしてきました。けれども、ついに心のなかに潜《ひそ》んでいた「危険思想」が爆発してしまい、学校教育とはいったい何かを問いはじめたのです。

◉グラマースクールの教師として

グラマースクール★8に勤める教師は、厳しい教育状況を身をもって体験する機会に、あまり出会いません。グラマースクールのたいていの生徒たちは、はじめからこの学校をめざして進学

★6　十八世紀のフランスの思想家、ジャン＝ジャック・ルソー（一七一二～七八年）によって、一七六一年に『社会契約論』とともに完成されたルソーの代表作。エミールという名の子どもの、誕生から結婚に至るまでの成長過程に応じた教育論。ルソーは性善説の立場に立ち、後の学習の足場となる子どもらしい感性を伸ばすために、早い時期からの知育、徳育を否定し、十分に時期が整った後に社会的な知育、徳育を始めるという、発達段階に基づいた教育を唱えた。彼の教育思想は、大人とは異なる子ども固有の思考や行動を、子ども期として位置づけ、発達段階に応じた教育を提唱するなど、近代教育に大きな影響を与えている。『新教育学大事典』、第六巻、第一法規、一九九〇年、原聡介筆、五三四～五頁を参照。

★7　A・S・ニイル（一八八三～一九七三年）「世界で一番自由な学校」といわれるイギリスのサマーヒル・スクールの創始者。ニイルにとって教育の根本的な目的は、みずからの人生を主体性と批判性をもって生き、その人生に責任を負う「真の自由人」を育てることにあった。それは、自己決定を基本原則とする生活の中で行なわれ、「自分自身の生活をする自由」がニイルのモットーであった。具体的には、出欠自由の授業、子どもと教職員が対等に話し合い決定する自治活動などの教育手法があげられる。『新教育学大事典』、第五巻、第一法規、一九九〇年、堀真一郎筆、三九六～八頁を参照。

★8　本書39頁の訳註★2を参照。

してきた子どもたちばかりです。生徒は、勉強の方法や抽象《ちゅうしょう》的観念を学ぶ訓練を受けてきており、受験を経《へ》て、はれて入学することになったわけです。また、生徒たちの親も、この学校に進学できたことを、すごく誇《ほこ》らしげに思っております。ですので、生徒たちが成長して、心身の変化が起こり、精神的な不安をいだくようになる思春期までは、わりと教えやすいのです。

グラマースクールでは、「なぜ、このことを勉強しなければならないのか」といった生徒の疑問に対して、教師が応《こた》えることは、ほとんどないと言っていいでしょう。生徒たちは、暗黙《あんもく》のうちに、入学することが難しい学校に進学すれば、当然、難解な知識を学ぶであろうと、覚悟して来ております。生徒にとっては、難しいことを学ばされることは、もちろん苦痛をともないます。でも、卒業後の資格の取得《しゅとく》や、条件の良い仕事に就《つ》けるといった期待があるからこそ、苦痛に耐えられるわけです。ですから、このような生徒たちを教えることは、さほど難しいことではありません。

私がグラマースクールで教えていたときには、授業が退屈なものにならないようには努力をしましたが、生徒の興味をひこうという気には、まったくなりませんでした。あくまで授業内容の範囲内で、生徒の質問に対して、説明したり教えたりすることが、私にとっては、十分刺激的でありましたし、それで満足しておりました。

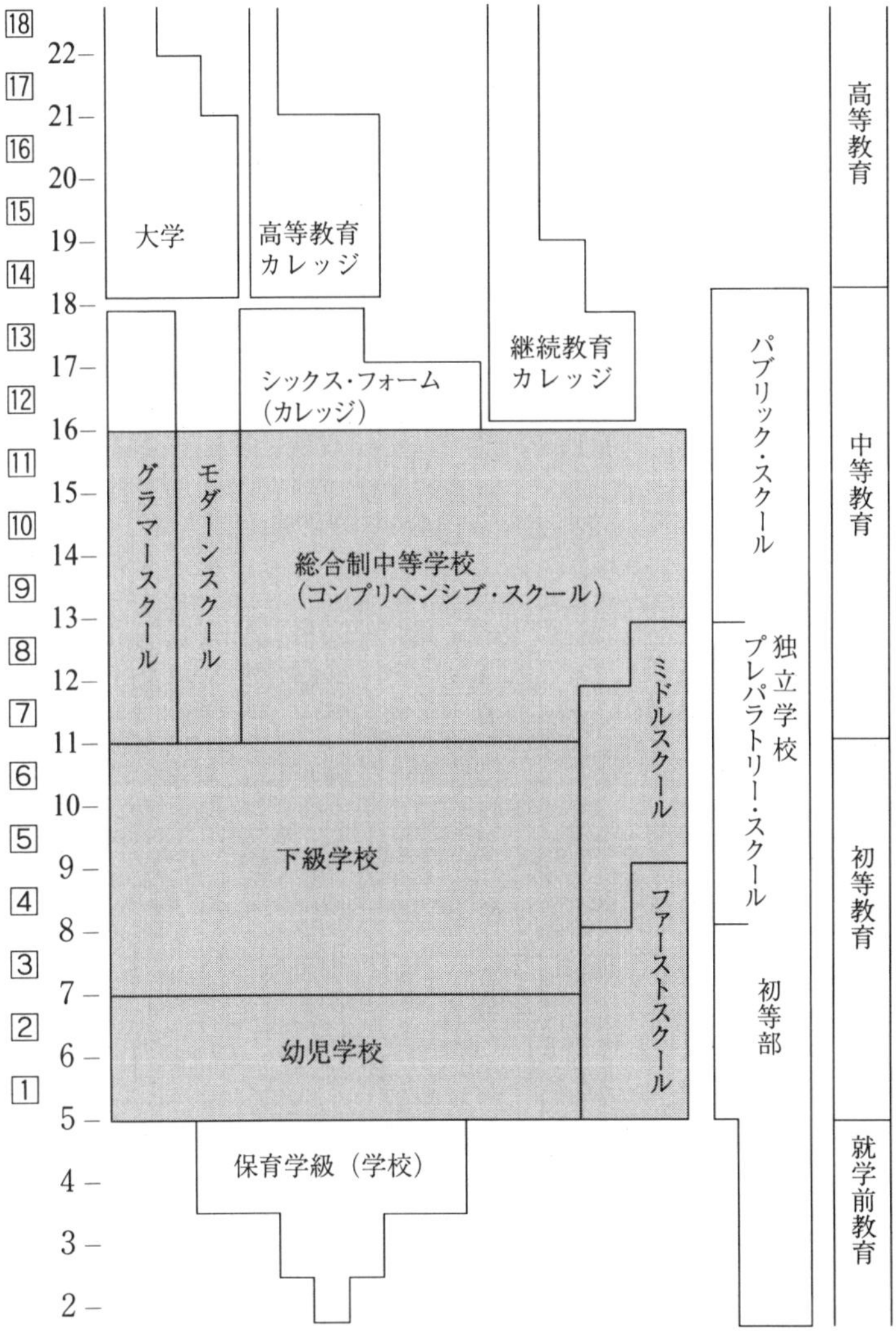

訳註　イギリスの教育制度
（二宮皓編『世界の学校——比較教育文化論の視点にたって』
福村出版、1995年、265頁を参照、一部改める）

◉教育の現実に直面して

グラマースクールで教師をしたのち、私はコンプリヘンシブ・スクール[★9]で教鞭《きょうべん》をとりました。そこでは、自分自身の気持ちを引《ひ》き締《し》めてかからねばなりませんでした。というのは、グラマースクールでは、生徒たちが私の担当する科目に対し、学ぼうとする意欲があったので、かろうじて教師としてのヤル気を持続できたのですが、ここでは、もはや、そんな気持ちが萎《な》えるばかりの悲惨《ひさん》な状況でした。コンプリヘンシブ・スクールでは、驚くことに、教室のなかで子どもたちが、支配され、統制《とうせい》され、学ぶことを強制される、そういったことが、あたりまえの日課のように行なわれていました。

こうなると、教育は、知的な営《いとな》みというより、むしろ日々の戦いの場になってしまいました。私の性格は根っこのところでは内向的《ないこう》ですので、自分の人間性を喪失《そうしつ》するような毎日でした。私は、どちらかといえば、好戦的《こうせん》な立場をとらず、あくまで生徒たちと話し合うという立場をとろうとしました。けれども、私よりも昔ながらの教授法に固執《こしゅう》する同僚たちは、学校の子どもたちと話し合うという私のやり方はほとんどの場合、時間の無駄《むだ》にすぎないと、即座《そくざ》に忠告しました。

今からふり返れば、あの時、どうして無駄にすぎないのですかと、同僚たちに聞きかえす機転が、なぜ私にはなかったのかと反省するばかりです。結局、私も含めて教師たちは、どう振るまうべきかを、子どもたちに押しつけていたのです。十年以上も教師をやってきたのに、生徒たちを納得させ、協力させることができないというのは、なんともはや情《なさ》けないことです。それまでは教師をしていて、生徒と話し合うことよりも他に大事だと思うこともありましたが、この学校に来て、なぜ話し合うことが時間の無駄なのか、その答えを考えなくてはならないと思うようになりました。実際、この問題はとても大切な問いで、教育を受けている子どもたちのためにも、教師がこの問いに真剣に取りくまなければ、教師は、弁解《べんかい》の余地もない、卑《いや》しむべき存在になってしまうでしょう。

もし、学校という所が、学校教育に愛想《あいそう》をつかし、自分の頭で考えようとせず、強力な指導者がいなければ社会的にどうすることもできない、そういった若者を養成《ようせい》する所だとすれば、今まさに学校が、問題を解決するというより、問題を生み出していると言えるでしょう。

★9 総合制中等学校。グラマー、テクニカル、モダーンの三分岐制度とは違い、それらの特色を総合した性格をもつ中等学校。三分岐制度の早期選抜システムへの批判から、「すべての者に中等教育を」とのスローガンのもと、労働党政権下の六五年から総合制への中等学校の再編が進められてきた。総合制によって教育の平等化がはかられたが、学力低下や規律の低下を指摘する声もある。『新教育学大事典』、第三巻、第一法規、一九九〇、荒木廣筆、三二五〜七頁参照。

◉学校はファシスト養成《ようせい》機関

二五年間の教師生活をふりかえってみて、私は、良心的な教師なら本来、絶対に引き起こしてはいけない状態を、学校という場で生徒たちに、助長《じょちょう》しているという結論に達しました。さらに悪いことに、教育は、近代の複雑な民主主義社会を生きるのに必要な、成熟《せいじゅく》した市民として大事な人格的要素を、根こそぎにしてしまう。つまり、学校教育こそが、ヒトラーやムッソリーニのような道化者《どうけ》が闊歩《かっぽ》する社会を、あたりまえのように受け入れていった精神的基盤を、つくりだしているのです。

学校とファシズムを同時に関連づけて語ることには、もちろん抵抗をお感じになるでしょう。学校教育は、言ってみれば、世俗《せぞく》的な宗教のようなもので、社会的な善行《ぜんこう》や自己啓発《けいはつ》を望む者にとっては、知識の宝庫《ほうこ》と言えるでしょう。他方、ファシズムは、たくさんの人びとの良心を無感覚にしたうえで、人種の異なる人びとを、劣《おと》った人間だとして、無防備のまま虐殺《ぎゃくさつ》した、赦《ゆる》すことのできない体制です。ファシズムは、欺瞞《ぎまん》的な英雄が、社会の変革をかかげることによって、まず人びとを扇動《せんどう》し、人びとを麻痺《まひ》させていったのです。

学校とファシズム、この両方のあいだに有機的な関連があるのでは、という仮説は、今まで考えもつかなかった独自の視点を与えてくれました。もし、この仮説が的《まと》を射《い》ているなら、抑圧を嫌悪《けんお》する誠意あふれる人びとで充実した教育界を、道義《どうぎ》的にも、根底から改革しなければならないでしょう。学校は、実際、そのさまざまな形態を見てみると、ファシズムに通じる要素を内在《ないざい》させております。私はこの点を、この本のなかで明らかにしていきたいのです。教師そのものがファシストということではなく、またファシズム的な悪意を意識しているということでもありません。むしろ反対に、ファシズムは、その初期の段階では、適切な少しばかりの強制と厳《きび》しさをもってすれば、世界は良い方向に変革すると信じたような、まさしく、良心的で意識の高い人びとを、味方にひきつけたのでした。

ファシズム的な思考を身につけ、自分のものにしている、そんなごく普通で、良心的な人びとは、本質的に悪い兆候《ちょうこう》が社会のなかに現われても、その展開過程で気づくことができなかったのです。これこそ、二〇世紀の悲劇です。学校において虐《しいた》げられている生徒たちの苦悩を見ようとしない教師は、この悲劇の加担《かたん》者と同じであり、悲劇をまぬがれることはできないのです。

2章 学校にみられるファシズムの兆候

私は、この本のなかで、「ファシズム」という言葉を、人間に接する態度を視覚的に描写《びょうしゃ》した言葉として、使っております。ご存知のように、ファシズムは、ナチスドイツの強制収容所に見られるように、言い表わすことのできない、赦《ゆる》しがたい最悪の状態に行き着いてしまいました。けれども、そもそもファシズムは、二〇世紀初頭において人びとが、社会を再構成するための最適《さいてき》な方法と信じて、最悪のものとは露《つゆ》知らず、探し求めたものなのです。

◉侮辱《ぶじょく》による政府

リベラリズムや民主主義が、どれほどすばらしいものであっても、ファシズムを支持した人たちにとっては、けっして満足できるものではありませんでした。このような人たちにとって、普通一般の人びとは、国家の目的を達成させるには、馬鹿で感情的な存在に見えました。もし、一般市民が政策を決定したならば、大混乱と貧困を呼び起こすだけだと信じていました。だから、確固《かっこ》たる信念をもった指導者の掌《てのひら》に、権力が委《ゆだ》ねられてこそ、はじめて政府は機能するのだと、本気で考えていたのです。社会を構成しているさまざまな人びとが考えあった政策決定は信用できない、たとえ大きな決断が残酷《ざんこく》で野蛮《やばん》なものであっても、それが国家に栄光をもたらすのであれば、人びとは十分納得するであろう、と。

このような考えは、人びとをひきつけるシンボルのようなものを必要とします。イタリア人はそれを「束捍《そっかん》」に求めました。これは、棒を束《たば》ねた隙間《すきま》から斧《おの》の刃をみせたもので、古代ローマにおいて、施政《しせい》官が行進するときに担《かつ》いだものです。束捍《そっかん》は権威のしるしで、とくに法を犯したものを殴り、また処罰する権力を示すものでした。ファシストたちが運動の象徴として束捍《そっかん》を用いたのは、古代ローマ人が厳《きび》しい罰を課《か》しながらも法律を重んじていたことを、標榜《ひょうぼう》したかったからです。古代ローマでは、罰せられる者は、必ず裁判にかけられてから刑罰が決められていました。その判決は非常に厳しいものであったようです。けれども、判決の根拠はきわめて明確でした。つまり、ローマ法において苦しむ者は、ローマ法を犯した張本人だというわけです。しかしながら、ファシズムはまったく違います。ファシズム体制化では、人種が違っているというだけで、反体制思想を持っているというだけで、または、いてはいけない場所や時間に単にそこにいたというそれだけで、言い難《がた》い罰則を受ける可能性に、人びとはつねに脅《おびや》かされたのです。

創始者の意図がどのようなものであっても、ファシズムの思想体系は、次のようにまとめることができるでしょう。

①社会は完全に階層化《かいそう》されるべきである。

②大衆は、本質的に無知、微弱《びじゃく》で、全体としても無力であるがゆえに、啓発《けいはつ》された少数精鋭《せいえい》の指導者によって支配されなければならない。

③指導者は、まさに大衆を従属《じゅうぞく》させるべきで、絶対に服従させなければならない。この方法によってのみ、指導者が描く目標にむかって、社会が建設されるのである。

④もしも被《ひ》支配者（大衆）が体制に不満を持ち、反抗的態度をあらわすことがあれば、ただちに弾圧《だんあつ》すべきである。

⑤指導者の目標が達成されるために、社会は、そのあらゆる側面において、管理されなければならない。もちろん、日常の言語生活においても、指導者が望ましいと考える意味あいを示す言葉になるように、管理をすみずみまで行きとどかせ、強制しなければなら

ない。

⑥優秀な指導者こそ、より強力な権力を保持すべきである。良き指導者とは、もし自分たちが立てた目標に反する人間がいるとすれば、その人間の尊厳《そんげん》や価値を容赦《ようしゃ》なく否定して、目標を実現する者のことである。

◉学校における専制《せんせい》

私は、ファシズムの意図することが、学校のどこにでも日常的に行なわれていることと、非常によく似ているという指摘をしたいと考えています。ファシズムの指導者および被《ひ》支配者の代わりに、教師および生徒を入れ替えると、今日の中等学校において隠蔽《いんぺい》されている構造がよく見えてきます。

この構造は、教師がどうこうといった次元の問題ではありません。学校は、善意に満ちていて、有徳《ゆうとく》な大人である教師たちから成りたっています。また教師たちは、自分たちの仕事を、心底から価値あるものと信じています。私の議論の矛先《ほこさき》は、こういった教師たちの使命感に向けているのでは、もちろんありません。私は、もっと単純に、実際に現実の学校で起こっていることに関心があるのです。私は、学校で学ぶことが、いったいどのような結果に行きついてしまうのかを、ここでお話ししたいのです。とくに、学校という制度のなかで生徒たちが、みずから従順《じゅうじゅん》な構成員となるのは、どういう原因に根ざしているのか、または従順になりきれない「問題児」に、学校はどのような影響を及ぼしているのか、この点についてふれてみたいと考えております。

文明がはじまった時から、子どもたちの存在は、大人たちにとっては悩みの種《たね》でした。大人とくらべて、子どもは、小さな不完全な存在で、そういった存在が大人たちの周りで、ちょこまかすることは、煩《わずら》わしいかぎりだったのです。もちろん、親は、自分たちの子どもを愛しているでしょうし、また、他の大人たちも、子どもは、保護すべき存在であり、そして、いとおしくて、愛らしい、天真爛漫《てんしんらんまん》な存在であることを、心から認めてはいます。しかし、これはあくまでも、大人の世界から見た子ども観にすぎません。大人にとって都合のよいことだけが中心になっているのです。――でも、大人といえども、間違うことが、しょっちゅうあるでしょうにね……。

子どもたちは、明らかにあらゆる点において、大人たちを苛立《いらだ》たせます。本質的には多くの大人も、子どもと同じように、自己中心的なのですが、子どもには、悪いと思う罪の意識は、まだ形づくられておりません。子どもは、大人にとっては当たり前の、自己否定を表現する術《すべ》を知りませんし、また知っていても知らないふりをしたりします。子どもの自己中心主義は、年輩の人たちと違って、無邪気《むじゃき》なものです。子どもは、他の人たちがどう思うかとか、その気持ちをどう察《さっ》するのかとか、こういったことをまだ理解できません。

さらに、子どもたちは、感情的で、しかも分別《ふんべつ》がありません。自分の気持ちがすぐに顔の表情にあらわれ、しばしば突飛《とっぴ》な行動にうつります。他人の面子《めんつ》をつぶさずに、自分の率直な思いや、涙、笑い、好奇心を抑《おさ》えることを、まるでわかっていません。本当に自分の気持ちを抑えるのは、とんでもない問題が起こってしばらくたってからなのです。

大人たちは、子どもが原因のこの苛立ちを、子どもに抑圧をかけることで解決しようとしてきました。このことは、子どもたちにとって、たいへん不幸なことです。というのも、大人たちは、自分の子どもの頃に自分たちの親がとった対応を大人になって思い起こして、それをそっくりそのまま、自分の子どもにも当てはめようとするからです。イギリス人父母の伝統的な躾《しつけ》によって、どれだけの苦痛と混乱を自分自身が体験したのかは、すっかり忘れられているのです。にもかかわらず、その勝手な思い出が、自分たちの子どもを実際的な年齢層において養育《よういく》するときには、具体的な指針となってしまうのです。そんなわけで、親は、しかりつけたり、体罰を加えたり、抑圧したりといった、一連の行為を続けておりました。子どもたちは、大人にとっては、おもちゃ、ちびっ子犯罪者、精神障害者のような存在だったのです。このような大人の子ども観は、まっとうな当たり前のことのように一般化していましたので、直ちに変えることは、不可能でした。

親の子ども観のみなおし

もちろん、子どもたちがおかれている今日の状況は、もっと複雑なものです。たいていの子どもたちは親と楽しく時を過ごし、多くの親たちは、自分たちの子どもを罰するだけでなく、子どもの立場をよく理解し、子どもの言い分を聞くだけの余裕と自信を持っています。それに、近年とくに、大人が子どもに対して権力を乱用することに、大人たちは危惧《きぐ》を抱いています。かつては、子どもたちの言うことを聞いたり信じてたりしては、絶対にいけないという伝統が根強かったために、子どもたちは、大人たちの残酷で過度《かど》な虐待《ぎゃくたい》に悩まされてきました。しかし近年は、幼い子どもたちの身を守らなければならないといった、健全な考えがようやく芽《め》ばえてきました。しかし、学校の中では、まだまだ古い慣習が根強く残ったままです。

学校は子どもの敵

ファシズム国家と同じように、学校は、ごく少数の実権《じっけん》を握る人びとによって決められた考えに、行動・思考様式を同一化《どういっか》させる営みを、生徒たちに日々強制しています。運営にたずさわる大人たちは、生徒たちよりも自分のほうが、何についてもいちばん良く知っていると信じるための訓練を経《へ》てきているので、自分たち教師こそが、学校で学ぶ生徒たちに知的適応を与えるのに相応《ふさわ》しい、というわけなのです。ですから、子ども一人ひとりのすべての行為が、地上に生まれたばかりの真新しい息吹《いぶき》であるがゆえに、そして未完であるがゆえに、未成熟であるがゆえに、生徒たちに対する教師の仕事は、必要で価値あるものだという信念を、ますます強めていくことになるのです。

この信念は、たとえ生徒が抵抗したとしても、生徒たちにとっての学校の意義に変わりはないとされてきました。それゆえ、あたかも正当化《せいとう》された通念《つうねん》のようなものになって、受けいれられていったのです。しかし、今、この信念は、傷つきやすい子どもたちの心とその尊厳《そんげん》を、ねじまげ、抑圧し、踏みにじるものとして、批判されなければならないでしょう。子どもたちを、溢《あふ》れんばかりに豊かな、個性的な存在として捉《とら》えるのではなく、また、それぞれ独自の価値があり、傷つきやすい存在として捉えるのでもなく、そうではなくて、束縛と厳しい訓練を必要とする、きまぐれな小わっぱとしてしか、認識していないとすれば、単純明快に、学校はファシズムに傾いているのではないか、と言えるでしょう。

もしあなたが、子どもたちに対しては、本質的にどうしようもない劣等生として対応すべきだ、とお考えになったとしても、前兆《ぜんちょう》はあるものの、あなたはまだ完全なファシストではありません。政治的ファシズムのように残忍《ざんにん》で、市民生活の価値を全く無視してもいい、ということを意味していないのは明らかです。けれども、私は、できるだけ礼節《れいせつ》をわきまえながら、あなた方の無意識のうちにも、ファシストの価値観と共通している何かが共有されていることを、指摘したいと思います。

学校教育に熱心にかかわっている人びとは、はっきりと分かるようなかたちでは、子どもたちを苦しめていないかもしれません。しかし、子どもたちは、現行の教育制度によって、現実にひどく痛《いた》めつけられています。ファシズムは死んではいません――学校教育を通じて、支配されることをみずから期待する人びとが形成されていて、学校時代と同じように、大人になってからも疑問を持つこともなく、民衆指導者の支配の手に、みずから喜んで陥《おちい》ってしまうのです。

子どもたちの教育に関する問題は、歴史の教訓から学ぶべきでしょう。ですから、かつて国家の名において自由が葬《ほうむ》りさられたことを、しっかりと自覚することが、私たちの義務であり、そのことをつねに確認しあわなければなりません。もっとも大事なことは、子どもたちが、幼いうちから自分が自分であるという喜びを強め、そして異なる他者を尊敬するようになる、そのような教育こそが、私たちに課《か》せられた責任である、ということなのです。

3章 ファシズムを助長する学校環境

心理学者・教育学者であったブルーノ・ベテルハイム[★1]は、ダッハウ[★2]のナチス強制収容所にいたことがあります。強制収容所の中で、収容者たちは、言葉に表わせないほどの極限《きょくげん》的な体験を、いかに生きぬくかという術《すべ》を学びました。想像を絶する恐怖の下にたえず置かれているという極限状況の中で、いかにして自己の尊厳《そんげん》をかろうじて保ったのでしょうか。それは、看守《かんしゅ》の収容者に対する蔑視《べっし》に根ざした態度に即応《そくおう》して、行動するという術でした。

看守は、収容者を、彼あるいは彼女がユダヤ人であるというただそれだけで、人間以下で愚《おろ》かでとるに足らないものと見なしました。しかし、収容者は、そういう見方をする看守に対して、人間以下で愚かでとるに足らないような振るまいを、みずからそのまま踏襲《とうしゅう》することによって、命を維持することがかろうじてできたのです。ベテルハイムは、大学講師、医師、弁護士、学者たちが、虚《うつ》ろな笑いを浮かべながら、わざとつまずき転げたり、命令に対し分からぬふりをしたり、子どものような口ぶりで話したりしていたのを、観察しました。こういった振るまいが、看守たちの残虐《ざんぎゃく》さを緩《ゆる》め、収容所の中の不文律《ふぶんりつ》を拒《こば》みつづける者よりも、極限的な状態を少しだけ防ぐことができたのです。

この体験にもとづいて、ベテルハイムは、情緒《じょうちょ》障害を持つ患者は、精神分析医の話す言葉だけでなく、その患者が置かれている環境にも反応するという仮説を立てて、意図的に環境を適用するという治療を考案しました。人を幼稚に扱い、自由に振るまう大人の能力を喪失《そうしつ》させるような、禍禍《まがまが》しい環境に収容されたことのあるベテルハイムは、患者の治療にあたっては、全く安全で、自由が尊重され、人から求められるような、そのような環境の中でこそ、精神的な力強さと真の自信が個人の中に育っていくことを、観察したのです。ですから、ベテルハイムは、真摯《しんし》で豊かな人間となる自由を患者たちから奪うような、そんな環境をもたらすすべての要素を、できるかぎり除去《じょきょ》しようと努めたのです。

ベテルハイムが運営している、「問題児」と呼ばれる子どもを多く扱う学校では、ラディカルなまでに治療的な側面を取りいれています。彼は、献身《けんしん》的な教育者の協力をもとに、精神的に大きな打撃を受けた子どもたちをリハビリできるようにしました。ここでベテルハイムの学校の教育方法を立ちいって説明することはしませんが、次の点、つまり学校から逃亡《とうぼう》した子どもたちがどのように扱われたのかについては、ふれておかねばなりません。

逃亡の自由

失踪《しっそう》した子どもを捜すのに、学校は、教師を直ちに派遣《はけん》するでしょう。けれども、大人は、子どもたちがさも悪いことをしたかのように、連れ戻してはいけません。そのかわり、教師は、子どもの逃亡先に行き、そしてできるかぎり、事態がおさまるまで、じっと我慢強く静観《せいかん》する

★1 ブルーノ・ベテルハイム（一九〇三〜九〇年）ウィーン生まれ。フロイト派の精神分析医、および児童心理学者。一九三八年にナチスによって強制収容所に送られたが、かろうじて生き残り、アメリカに亡命。その後、精神障害児のための治療・教育・研究活動を行なう。その関心領域は幅広く、女子教育や芸術教育、全体主義の考察にまで及び、強制収容所の体験を分析した『生き残ること』、『鍛えられた心』（両書とも法政大学出版局）など、日本語に翻訳された著作が多数ある。『生き残ること』、高尾利数訳、法政大学出版局、一九九二年を参照。

★2 ドイツのミュンヘン郊外のこの小さな街に、ナチス政権によるドイツで最初の強制収容所が作られ、その後、ヨーロッパの各地に一〇〇〇箇所以上の強制収容所がつくられた。一九三三年から一九四五年までの間に、二〇万六〇〇〇人以上が収容され、三万二〇〇〇人あまりが虐殺されたが、このダッハウ強制収容所から各地の強制収容所に収容者が移送されたため、実質的な犠牲者の数はこれをはるかに上回る。正門上には「労働は自由への道」という有名なスローガンがかかげられている。

ことが大切なのです。

このやり方を経験したどの教師から聞いても、たいていは、うまくいったと言います。もっとも、抑圧された子どもたちの、苛立《いらだ》つ思いを静めることは容易なことではありません。いくら子どもたちをとりまく環境が、暖《あたた》かくて親切なものであっても、そこから逃げだしたくなる場合もあるでしょう。もしも、失踪《しっそう》した生徒を力ずくで連れ戻そうとすると、とたんに学校は、穏《おだ》やかな強制収容所になってしまいます。そして、学校が子どもたちを更生《こうせい》しようとする方策は、すべて無になってしまいます。

私は、授業をしていくうちに、生徒たちが、ベテルハイムが体験したダッハウのナチス強制収容所の収容者と、同じような振るまいをしていることに、気づきました。ベテルハイムが見たように、私も、生徒たちの中に、虚《うつ》ろな笑い、わざとらしい要領《ようりょう》の悪さ、儀礼的な媚《こ》びへつらいを、認めざるをえませんでした。私は、生徒たちを苛立たせ、生徒たちの人格を窒息《ちっそく》させる環境に、彼らを閉じこめていたのです。でもやがて、ひょっとしたら、生徒たちが自由でないから、彼らはこのような行動をとっているのではないかと、疑問を感じはじめました。

◉ 学校はいびつな空間

教師として、とくに晩年の教師経験をふりかえってみますと、今お話ししたことに思いあたるふしがあります。私の受けもった生徒たちの行動様式は、学校という空間に影響されている、そのことに気づきました。学校の中では、めちゃくちゃな行動をしていても、学校の外では、全く平静であったテリー（第1章で紹介した生徒）のような子どもは、他の各種の学校でも、しばしば見かけました。

また、生徒たちが、学校の特定の場所から他の場所に移動したとたんに、行動様式が一変《いっぺん》したことも、しばしば目撃しました。さらに、廊下や教室の形や大きさが、生徒たちにどのような影響を与えるのかを、推《お》し量《はか》ることも学びました。たとえば、あたりまえの話ですが、大きな音が響く広い廊下のような場所では、当然、生徒たちは騒々《そうぞう》しくなる。長くて広々とした場所が、生徒たちを走らせたり、叫ばせたりするのでしょう。子どもたちにとっては、走ったり、叫んだりすることは、いつでも自然なことです。でも、時には、大人にとっては、我慢ならないこともあります。ですから、学校建築の設計の問題は、つねに、子どもと大人の対立のなかで、揺《ゆ》れ動いてきたのではないでしょうか。

◉学校は悪魔の工場か？

学校という空間は、もちろん、建物としての機能以外の要素をたくさんもっています。また、学校の具体的な建築形態は、生徒たちの精神形成に、大きな影響を与えます。イギリスで、いまだに多く存在する旧式の全寮《ぜんりょう》制学校では、その建物の創設者がどのような教育目的で設計したのかを、寮生《りょうせい》全員に伝えます。このような全寮制学校は、建築構造的には、刑務所、工場、兵舎《へいしゃ》、軍艦と、きわめて類似《るいじ》しています。しかし、この類似は全くの偶然ではありません。こういった伝統的な寮は、生産性を高めるために仕組まれた機構《きこう》に適合《てきごう》していて、たとえば、ある一定のところから目的の場所に移動するときに、行列で歩くことを乱させないといったような、そのような建築構造になっているのです。

このような旧式の全寮制学校は、今では新築されてはおりませんが、現存するものは、いまだに使用されています。また、最近の比較的新しい校舎でも、望ましい成人を養成するための、レールを敷《し》かれた統制《とうせい》的な生活をするモデルとして、この基本的な学校図は、いまだ根本から解体しているとはいえません。いまだに、大切な人格形成期に、子どもたちは、長い廊下によって区切られた四角い箱の中に詰めこまれているのです。走ったりできない、騒いだり大声を出して遊んだりもできない、ようするに気ままに行動することができない、そういった場所が学校の中のいたるところに定められているのです。

学校とは、つまり、そこで学ぶ子どもたちにとって、人生の目的を達成するのに必要な特定の考え方だけを持つことと、自分に身分相応《そうおう》な立場をわきまえること、そういったことを養成するための環境を与えている所だ、というわけです。しかし、私は、この考えには、疑問を禁じえません。はっきりいえば、ファシズムに通じているのではないかと思います。

大集会の魔力

レニ・リーフェンシュタール監督★3は、一九三〇年代、ドイツのニュルンベルクのナチス党大会の映画を撮《と》りました。この映像を見たことのある人は、群衆《ぐんしゅう》の、同じユニフォームを身につけ、整然《せいぜん》と並び、演説に聞き入っている姿が、鮮烈《せんれつ》に焼きついたことでしょう。突撃隊員の列《れつ》は、それぞれがカーキ色の戦闘服《せんとう》を着て、つばの広いヘルメットをかぶり、同じ装備《そうび》をつけていて、あたかも人類の価値ある営みに貢献《こうけん》するために準備している、といった印象づけをしようとしているように見えます。しかしその一方で、ただ戦力として武装しているようにしか、受けとめることができない面も感じました。

★3 レニ・リーフェンシュタール（一九〇二年〜）ドイツの映画監督・写真家。ナチス政権下でヒトラーの信頼を得て、ニュルンベルクのナチス党大会を記録したプロパガンダ映画『意志の勝利』（一九三四年）や、一九三六年のベルリン・オリンピックの記録映画『オリンピア』（『民族の祭典』、『美の祭典』の二部作）を監督、大きな反響を呼んだ。戦後はナチス協力者として、戦犯容疑で四年間の収容生活を送った。その後、映画『低地』（一九五四年）を発表。また、写真家としても著名で、アフリカの原住民を撮った写真集『最後のヌバ』『カウ・ヌバ』を発表した。『現代外国人名録二〇〇〇』、日外アソシエーツ、二〇〇〇年、一二四五頁を参照。

ひょっとしたら、ナチスの高官《こうかん》の中には少しは良心的な人もおり、ナチスの破廉恥《はれんち》な権力への欲求と、みずからの不本意な意志とのあいだで、葛藤《かっとう》を抱いていたのかもしれません。しかし、実際に大集会のもたらす魔力にがんじがらめにされると、わずかに残された道徳的自立心さえも、熱のこもった演説と民衆指導者の強大な権力の前に、圧倒されてしまいます。大集会の意図する一糸《いっし》乱れぬ整然《せいぜん》さが、そこに集まる人びとを変貌《へんぼう》させるのです。そして、個人の持つ無力感が、アドルフ・ヒトラーに統率《とうそつ》される運動体の無限の力によって、打ち消され、運動体の中に統合《とうごう》されてしまうのです。

◉民主主義の育成

近代ヨーロッパの真摯《しんし》な教師たちは、もっと積極的に、民主主義のもつ重要な価値を見いだすべきではないでしょうか。第二次世界大戦とそれ以降のヒトラー失脚《しっきゃく》後の時代に、スターリンの独裁政治が続いたことからも、自由な大衆に支持される穏健《おんけん》な政府は、自然発生的に創設《そうせつ》されないことは明らかなことです。

民主主義は保護、育成されなければならなかったのです。ですが、国家内における多様な利害関係を統合するための闘いが激しくなると、社会に動揺《どうよう》と不安が生じ、独裁による荒療治《あらりょうじ》をもって解決を望む政商《せいしょう》たちの動きが出てきたわけです。しかし、設立されるべき政府は、そういった動きに抗《こう》して、民衆を守るものでなければならなかったはずです。さらに、政府の活動は、原則的に、すべての国民一人ひとりが、できるかぎり豊かに、幸福に生きられるようにすることに、主眼《しゅがん》がおかれなければならなかったはずです。

ですので、私は、民主主義社会において、教育は、民主的な社会が存続する手助けとならなければいけないと思います。それとともに、子どもたちが、それぞれ個々の独自性《どくじせい》を持ちながら、異なる他者の独自性をも尊重するような、そういう教育に努めなければならないと考えます。子どもたちが、他の人を傷つけないで、それぞれ自分がしたいと思うことを、思いっきりできる機会と場を与えなくてはなりません。どのようなことであれ、人間性の創生《そうせい》においては、子ども一人ひとりが主役であるということを、発見すべきでしょう。もし、このことが実現できないときには、民主主義の終焉《しゅうえん》が来てしまいます。

◉学校は子どもを生かすのか？ 殺すのか？

とくに中等教育段階で、学校の一般的な風潮として、はたして、強固な民主主義思想を熱心に育《はぐく》もうとしているのでしょうか？ あるいは、直接的または間接的な方法をもって、生徒たちの自発性や創造性を押しつぶし、学校側が良いとすることに従わなければ、ひどく罰したり、退学させるといったような、暗示《あんじ》的なほのめかしによってしか、対話ができていないのではないでしょうか？　私が教師になったばかりの頃、先輩の先生から、生徒たちにとって秩序という枠組みがいかに大事か、という忠告をうけました。たとえば、朝礼前の集会や休憩《きゅうけい》時間の終りに、教室の外のさまざまな場所で、整然《せいぜん》と列《れつ》を作ることが、いかに大切かを助言されました。もちろん、教室の中では、教師は、生徒たちの座席の位置を決めて、もし私の話を聞かずに友達とおしゃべりをするようであれば、彼らをそれぞれ離れた席に遠ざけねばなりませんでした。

新米の教師として私は、経験豊かな先輩教師たちの、こういった忠告に耳をかたむけることを、当然のように思っておりました。恥ずかしい話ですが、当時は、子どもたち自身が、秩序を重視する指導を、どのように受けとめていたかを、推《お》し量《はか》る余裕がなかったのです。しかし、ずっとのちに、学校の朝礼のように、列に並ばせることが、なんだかファシズムの集会に似ているように思えてきました。私は、人びとを列に並ばせることが、人びとを操作する有力な前提であると、感じはじめました。もし、集団の中の個人が、ある一定の配列で並び、一定の方向に向かってしか行動を許されなかったとしたら、精神的にも知的にも思考は狭《せば》められ、個人の意思にかかわりなく、命令を下す指導者に権力が集中することになります。

◉ 教師がいちばん賢いのか？

ほとんどの教師は、自分には子どもたちを教える十分な資格があると思っています。たぶんその通りでしょう。しかし他方では、私も含め教師は、傷つきやすい子どもたちを、教師の声がとどく範囲から離して、自分たち教師によって傷つけられないようにしたいとも、思ったことがあるんじゃないでしょうか。フランス語や科学といった科目を教えるのと同じようなやり方で、子どもたちを操作したり威圧したりする権利が、教師に与えられていると認識することは、たしかに危険です。子どもたちが持っているそれぞれ独自の考える力と行動を奪ってしまう危険性があるだけでなく、長い目で見ると、ある体制のもとでは、疑問をもつ勇気がないばかりに、ただただ従順に服《ふく》してしまうことになりかねません。

民主的に機能している社会では、納得できる規律に従うことは、ほとんどの場合、正しいことでしょう。私もそのことに何ら反対はしません。しかし、もし人びとが、操作され服従されるべきものとしてのみ、その成長を期待されたり、支配する者が、支配される者や支配者に同意しない者よりも、道徳的に優っていると思わされたりするならば、そのような国民にとっては、ニュルンベルクやダッハウ★4までの道は、そう遠くはありません。

★4　ニュルンベルクはナチス党大会が開かれたところで、ダッハウはドイツ最初の強制収容所が作られた街。つまり、ナチス政権の支配下のような全体主義社会に通じる道だという意味。

◉暴力による文化

たとえ学校には馴染《なじ》みのないやり方ではあっても、力による文化、つまり問題を解決するのに暴力をもってするというやり方は、今世紀初頭のヨーロッパ諸国の大半でおこなわれ、この歴史は厳然《げんぜん》たる事実としてあります。

子どもたちの四分の一がいじめに遭《あ》うことを、大人たちの誰もが知りながら、子どもたちは学校に登校させられています。学校に対していじめの問題を訴えると、学校側は、いじめに遭う子どもたち自身が、いじめに対して向かっていくことによって、問題を解決すべきだというように、たいてい短絡《たんらく》的にものごとを処理してしまいます。父母は、大人に救いを求めるのではなく、いじめられる子が我慢《がまん》をすれば、すべてまるく収《おさ》まるという考えを、子どもたちに押しつけようとします。このようなことから、幼年期から多くの子どもたちは、内心のみじめな気持ちを抑え、他の子どもたちのことに無関心でいることが最善だと考え、体制にさからわなければ、うまくやり抜けられる、と思うようになるのです。

私は、何度も、物静かでおとなしい子どもが他の同級生たちから嫌《きら》われているということを聞き、なんとかしなければと思ってきました。そういった子どもたちの中には、自身の信仰や道徳的価値が理由で、乱暴な学校生活を嫌《いや》がる子もいました。また、きまぐれで変わった性格を持つ子どもたちの中には、特定の集団に属すことが、どこか苦痛なことから、沈黙を保《たも》つ子もいました。こういった子どもたちに対して向けられる周りの人間全員の眼差《まなざ》しを根本から変えるということは、とうてい無理でした。どのような場面であっても、いじめに遭った子どもたちに対しては、いじめられている子どもの方に責任があるというように、生徒も教師も共通して考えてしまう暗黙《あんもく》の了解《りょうかい》があったのです。いじめられている側が、むしろ、いじめられるようにしむけている、そのような圧迫にみずから駆《か》られているというように、生徒も教師も受けとめてきたのです。

もちろん、最終的に、学校は、いじめられた子どもの側に立ち、いじめる者を罰することになります。しかし、つい最近まで、教育関係者の大半は、子どもたちのすべてが、いじめから制度的にも保護されるべきだと考えることが、ずっとできなかったのです。この二、三年、やっと、いじめや子どもの虐待《ぎゃくたい》が、ひんぱんにマスコミをにぎわすようになって、子どもたちの情緒《じょうちょ》的充足感の重要性が、ようやく再認識されるようになってきているのです。また、「いじめっ子裁判」を開くことによって、いじめの問題を解決しようとする学校もでてきました。

◉なぜいじめをなくすのに時間がかかるのか?

いじめを解決するためのさまざまな努力が、あちこちで行なわれるようになったことは、評価すべきことですが、どこの学校でも行なわれているわけではありません。学校が直面するさまざまな問題は、過去百年以上の歴史がありますが、どれも、いまだかつて、本格的に取り組まれたことはありません。学校という所は、知的な教育の専門家である大人によって運営され、ともすれば、権威主義、同調主義《どうちょう》、業績主義《ぎょうせき》に傾きがちで、外部から見たもっと大切な倫理的《りんり》責任を軽視《けいし》する傾向があるのです。

◉教師の頽廃《たいはい》

学校にいることによって、自由な行動が歪《ゆが》められるのは、なにも子どもたちに限ったことではありません。学校で生徒の指導をする教師たちもまた、苛立《いらだ》ちをおぼえることによって、次第にすさんでいきます。

子どもたちを統制《とうせい》しつづけながら、理解しているかどうか生徒に質問をなげかけることは、何かを学び共有するということと全く無関係であり、不自然でもあります。しかし、不幸にも、教師は、教室を統制できなければ、どれだけ知識が豊富でも役立たないという、苦い体験を味わっているのです。授業中ほとんど興味を示さない子どもたちに、まるで捕虜《ほりょ》として捕えた者に対するように、むりやり教えこまなければなりません。つまり、生徒の無関心に対する教師による暴行によって、または「この生徒は、よりによって、なぜ私の教室にいるのか」という敵対《てきたい》意識を教師が持つことによって、教育がはじまってしまうのです。

現在の学校状況において、たいていの教師は、あたかも「無知」という病気にかかっている患者に接する医者のようでもあります。従順な、賢くて好奇心のある生徒であれば、治療は、いとも簡単にすみやかに行なわれます。しかし、生徒のほとんどが授業に全く興味を示さない状態であれば、授業から生徒の気をそらすものや、生徒に別の刺激を与えるものを、力ずくでねじ伏せてでも、生徒の注意を教師に集めなければなりません。もし教師が、なんらかのカリスマ性を持っていなければ、あるいは子どもを楽しませる術《すべ》を心得ていなければ、教えることはとても難しく、悩みの種となるでしょう。子どもたちをいかに統制するかということが、楽しく充実した教師生活を送れるか否《いな》か、または三〇年間の地獄への待合室《まちあいしつ》で時をすごすことになるかどうか、といったことになってしまっているのです。

生徒をいかに統制するかということが、教師としての成功の鍵《かぎ》を握っていることから、教師はそのことにしゃかりきになり、しばしば教育関係者以外の人たちを驚愕《きょうがく》させる手口にエスカレートしてゆきます。教師が子どもたちを黙らせるために、粘着テープで口を封じたり、ロープで椅子に縛《しば》りつけたりしたという記事が、何度も新聞に載《の》りました。こういったことは概して、絶望の極《きわみ》にたった教師が使う最後の手段であるには違いないのですが、免職《めんしょく》になるケースが多いようです。しかし、私の見たかぎりでは、生徒の抵抗を制御《せいぎょ》する方法として、一般的に妥当《だとう》だとみなされているものが、必ずしも良い方法だとは思えないのです。

◉考えさせられたある生徒からの一言

学校が、ごく普通の教師を、当の本人はまったく意識していないうちに、教育者ではない何者かに、変貌《へんぼう》させるという事例を、私自身が体験したことがあります。当時、私はフランス語を何人かの生徒に教えていましたが、生徒たちは授業内容にとりたてて何の興味も持っていないようでした。かろうじて静かではありましたが、教室の雰囲気は重苦《おもくる》しいものでした。授業の終わりをつげる鐘《チャイム》がなると、生徒たちは、あたかも奴隷労働から解放されたかのように、とてつもない叫びとともに廊下へと、まるで煮立ったお湯があふれるように、飛びだしていく毎日でした。

しばらくして、数人の男子生徒が私に話があるといってきました。私は生徒たちに、しょっちゅう、がみがみ言ったり、怒鳴《どな》ったりするので、彼らは横柄《おうへい》な態度で私に話しかけてくるのではないかと思っておりました。すると、そのうちの一人が、「私たちはX先生が大嫌いです。人の心を平気で傷つけるのです」と、ぽつりと語りました。それだけ言ったら、みんなお昼を食べに去っていきました。私の同僚教師に対する憎《にく》しみの塊《かたまり》を置いていったのです。

生徒たちが置いていった言葉は、私に託《たく》された深く重い意味を持つメッセージだったのですが、私はどうすればよいのかわからず戸惑いました。よりによってなぜこの私に、このような言葉が託《たく》されたのか、想像がつきませんでした。いずれにせよ、X先生は学校内権力における実力者で、私はどうすることもできないと思いました。しかし、その反面、生徒たちの言葉を受けとめた責任もあり、また誠意をもって対処すれば、なんとか事態を変えられるのではないかとも思いました。

◉教室を力で制《せい》する教師

生徒たちが私に課《か》した責任を、いくらか果たそうとしたことをお話ししてみます。X先生は個人的によく知っており、とくに残酷冷淡な人でもなければ、他人の気持ちがわからないといった人でもないことは、最初にはっきり弁護しておきます。彼の教授法は優れて現代的で、子どもを中心としたものであり、羨《うらや》ましいほどの成果をあげておりました。けれども、生徒たちに対しては、昔ながらの子ども観に基づいた統制《とうせい》を、しっかり行使していました。子どもたちを自分の言うとおりに従わせるために、威圧《いあつ》的な皮肉たっぷりの言葉をたえず発《はっ》していました。子どもたちの心をしばしば傷つけていることは、彼も認めております。でも、それはしかたがないどころか、当然のことだと言い張るのです。X先生は私にこう述べました。「私が勝つか、奴《やっ》らが勝つか、どちらかだ。奴らには全く勝ち目がないだろう！」。

私は、X先生のようなタイプの教師に、数多く出会いました。大人にとってやりやすく、また、はっきりとした成果を得ることができるために、気づかないうちに、教育の善の部分が悪の部分に転化してしまう危険性を、認識することができないのです。このことは学校制度の生みだした当然の帰結《きけつ》です。また、学校制度の中にあるさまざまな仕組みが、たくさんの生徒を押しつぶし、いっそう悲惨《ひさん》な目にあわせており、これが、上級生の盗みや非社会的行為に実質上つながっております。にもかかわらず、X先生のような教師にとっては、このような因果《いんが》関係に、何ら重要な意味を見いだすことはできないのです。原因とみなしていることと、教師が自分の教え方に満足するということとが、かなりかけ離れているのです。そのために、自分の教え方の影響が関係しているとは、これっぽっちも思っていないのです。また、学校で受けた教育が、生涯にわたる長さでどのような影響をもたらすのか、まともな調査を誰も試みていません。そんなわけで、教師は、自分の教え方が、はたして社会の通念《つうねん》を、よりよい方向に変えていっているのか、逆に悪い方向に向かわせているのではないか、といったことをみずから に問う必要を感じないですませているのです。

◉かいつまんで言えば

かいつまんで言いますと、学校は、おうおうにして、人が生きるために大切なこと、人びとが社会で共存するために大事なことを、傍《かたわ》らに置いてしまうことによって、子どもたちを蝕《むしば》んでいるのです。学校は、子どもたちを、非力で無知な存在として扱うことによって追いつめ、そして、こまごまとした規則で縛《しば》りつけることによって、子どもたちの成熟を妨《さまた》げているのです。こういったたぐいの規則は、教師や大人たちが子どもたちに行使する統制《とうせい》の中でのみ、意味があるものにすぎません。こういった規則には道徳的価値は見いだせないでしょう。

学校は、子どもたちに対して実際には何をしているのか、教育をすることによってどういった責任をとる用意があるのか、この認識を持とうと努力をすることもなく、さまざまな形で、残忍《ざんにん》なことをしつづける空間でもあるのです。もちろん、学校での体験が、とても楽しいと思っている生徒と教師がいることは確かなことです。しかしながら、私がこれまで指摘してきた危険性が、学校において現実に存在していることもまた、疑いのない事実なのです。というのは、大人たちは自分たちのことを、何も見えないし、子どもたちも大人たちの間違いを薄々《うすうす》感じていても、何もそのことについて言えないし、抗議もできず、また大人は聞く耳をもたないことを、十分知っているからです。

4章 何が正しいのか

子どもの頃に身にしみて不公正《ふこうせい》な扱いを受けたことがある者は、大人になってから他の人に不公正な振るまいをする――これはごく一般的な常識ではないでしょうか。ですので、基本的人権の問題がさんざん議論されてきたわけなのです。ところが、それにもかかわらず、子ども自身を公正に扱うことは、いまだに保証していないのです。

たぶん、おおかたの人は、自動車のスピード違反で一、二度捕まった程度の、法律を犯した経験しかないでしょう。もしかりに不幸にも、犯罪の容疑をかけられたら、その心あたりがない人は、おそらく法治《ほうち》国家が容疑の不当性から守ってくれると期待するでしょう。それなりに民主的な社会では、正当な判断基準をもたない、公正さを欠く逮捕や判決があった場合、しばしば大きな裁判事件へと発展します。というのは、英国人の気質から言って、公権力によるあまりにもはなはだしい不正義に対して、時にはかなり強い嫌悪《けんお》感を抱くからです。私たちは、一九八九年のギルフォード・フォーや一九九一年のバーミンガム・シックス★1といった、有罪破棄《はき》を勝ちとる以前の、一連の審理《しんり》の不当判決における警察権力の偏《かたよ》った判断に対して、今もなお、公正さを求める国民なのです。

◉異なった法と異なった公正さの基準

しかしながら、学校の中では、異なった法の基準、異なった公正さの基準が、適用されています。私が教師になったばかりの頃、ロンドンにある問題児の多いある地域の学校でのことです。そこでは、教室運営において、子どもたちを自分の統制《とうせい》下に置くためには、現実問題として、教室の中でいかにうまく生徒たちをコントロールするかが決め手でした。つまり、生徒たちに指導範囲を十分納得させ、めざわりな生徒については徹底的に押さえ込むわけです。いっ

★1　一九七四年イギリス国内で起こったIRAによる爆弾テロにともない発生した冤罪《えんざい》事件。ギルフォードの事件で四人、バーミンガムの事件で六人が逮捕されたため、このように呼ばれる。自白の不当性、証拠の捏造などが明らかとなり、それぞれ一九八九年と一九九一年に有罪破棄が言い渡された。

たん、自分が正誤のすべてを決定すれば、授業中、生徒たちは従順《じゅうじゅん》になり、授業は意のままに進むのです。もし、生徒たちの発する音や、ちょっとした動作が、腹立つ原因となっても、面倒なことになればもっと厄介《やっかい》なので、「何もとりたてしない」ということが良策《りょうさく》でした。

◉T先生の教室は戦場のよう

当時、私は生徒を統制《とうせい》するやり方に、何ら疑問を持っていませんでした。学科主任の授業を参観《さんかん》したのですが、彼は力をもって厳しく生徒を統制することに信念を持っていました。そこで見たことは、私には非常に印象的で、しばらくの間、迷いながらも、彼のやり方を真似《まね》ようと努めました。

主任のT先生は定年まぢかの教師でした。教師人生を貫徹《かんてつ》しようとする老練《ろうれん》家で、よく私に、一度たりとも生徒の反抗に出会ったことはない、と話してくれました。まさにそのとおりで、二人でT先生の教室に入ると、水道の蛇口《じゃぐち》の元栓《もとせん》が閉められように、生徒たちの話し声はまったく聞こえなかったのです。

T先生の授業には秩序があり、教え方は明解で、子どもを中心としたものでしたが、自由学習というものは全く存在する余地《よち》がありませんでした。今、ふりかえってみると、初期共産主義者のT先生の教え方は、皮肉にも最右派《さいうは》のトーリ党★2の教育大臣が喜びそうなものでした。

生徒たちは、机の前に凍《こお》りついたままで、T先生の言うがままに反応しておりました。

しかし、T先生は、いつか生徒たちの暴動《ぼうどう》が起こるのではないかと、常に恐れているようでした。ですから、生徒たちに対してひどく攻撃的な話し方をし、また自分に対しては「ムッシュー」とフランス語で呼ぶよう生徒に強制したり、さらには、生徒を頭ごなしに叱《しか》りつけることによって、反論する機会をまるで与えませんでした。これは子どもを教育するというよりは、まるでライオンを調教《ちょうきょう》するのと同じでした。

◉これしか教授方法はないのか?

T先生の授業が学期の後半になってくると、私のT先生に対する尊敬の念が揺《ゆ》らぎはじめました。彼自身は自信と決意をもっていたのですが、彼のやり方は教育とは異質のものでないかと、感覚的に思いはじめました。しかし、その理由をはっきりとしたかたちで捉《とら》えていたわけではなく、まだ、生徒たちは押さえ込む対象だという基本的な考えを、T先生と共有したままでした。つまり、自制《じせい》心や思慮《しりょ》が欠落している生徒たちは自分自身を抑制できないので、成熟

★2　一六七九年、貴族や地主を支持基盤とし組織された王権・国教支持派の政党で、現在の保守党の源流。十七世紀後半から十八世紀後半にホイッグ党と対立。ホイッグ党は都市の商工業者や非国教徒の支持をうけていた党であり、後の自由党となる。

した私のような教師こそが、子どもたちを、成人になるまでしっかりと一人前の人間となるよう育てなければならないと、そんなふうに思っておりました。しかしその反面、当時でさえ、子どもたちが苦痛を感じていることを、漠然《ばくぜん》とながらも気づいておりました。

◉罪と罰

T先生の授業の雰囲気は、まるで罪を犯したものが命令されるがままに、口を封じられ、ただ座らされているという罰を受けているようでした。もし、生徒自身が授業を選ぶことができれば、きっと子どもたちはこの授業を、好んでは選ばないでしょう。教室のはりつめた空気は、殺気《さっき》に満ちたものではないとしても、かなり居心地《いごこち》の悪いものであったに違いありません。もし、教育というものが、教える側と学ぶ側のあいだの、精神の実《みの》りある営みだとしたら、この授業ではその痕跡《こんせき》すら見つけることができませんでした。子どもたちは、いやがおうでも、従属しなければなりません。それでも、T先生の眼鏡《めがね》から見れば、子どもたちは、彼が期待し満足するほど、従順ではなかったのです。

T先生の束縛から解放されて何年もたってから、私は、厳《きび》しい規律を強いていくことが、子どもたちにどのような影響を与えるのかを、問いなおしはじめました。かつての生徒たちは、T先生の授業の厳しかったことが、大人になった今では、自分たちのためになったと、本当に懐《なつ》かしんでいるのだろうか。もしそうであれば、T先生は子どもたちの性質や人格を、正確に把握していたと、認めなければならないでしょう。つまり、十四歳の子どもたちは、当然、恐怖にさらされ、たえず叱《しか》られなければならないのだと、承認《しょうにん》せざるをえません。しかし、子どもたちが自立心やそれぞれの考え方を持つのは、教師の思惑《おもわく》とぜんぜん異なるところで持つはずです。そのことを認めない教師の下にいる生徒にとっては、自分の考えが教師の思惑と衝突《しょうとつ》した場合、自分を弁明する主張などが、横に追いやられることになってしまいます。結局、生徒たちにとって正しいことは、T先生の言うことにほかならないのです。

◉結局、学校教育はいつになっても変わらない……

一九九〇年代のイギリスの教育現場は、T先生のような教授法に大きく依拠《いきょ》していたのじゃないでしょうか。私はさまざまな学校で教えた経験がありますが、どの学校に勤めても、校長や教師たちに子どもたちとの関係について聞くと、「本当にうまくいっている」と、判《はん》で押したような答えが返ってきます。けれども、すべての学校に、T先生のような教師が必ず何人かいて、また、そういった教師はたいてい、学校の中ではかなりの実権を握っていました。

こういったことは、いったい何をもたらすのでしょう。それは、学校という所が、自由な市民を育成するというよりは、奴隷根性《どれいこんじょう》を植えつける環境を作る所になってしまうのです。学校で子どもたちは、教師の言うとおりにしなければならない、子どもたちは、たえず過《あやま》ちをおかす存在でしかない……。こんな所では、教師たちが生徒たちをいかに不当に扱おうとも、また子どもたちの立場を間違って理解しても、子どもたちは不満を訴えることすらできません。学校の組織運営は、大人が絶対に正しくて、子どもたちが正しいことは絶対にありえないという、そういう暗黙《あんもく》の了解《りょうかい》の上に成り立っているのです。

しかし、この容認《ようにん》しえないことが、多くの学校で、現実に起こっているのです。私はこれまで、多くの学校の全学年にわたる子どもたちが、常に公正《こうせい》に扱われていないというひどい例を、数多く見てきました。それは、社会で起こるさまざまな小さな事件のあれこれではなく、基本的人権を構造的に無視するという根本的な不公正なのです。この構造的な不公正は、教師が意図的に引き起こしているとまでは言いませんが、現実に起こっていることなのです。学校そのものがもたらしているのです。学校は、子どもたちに「何かをやらせる」空間になってしまっています。入学した初日から、思い出をのこして若い社会人として大人の仲間入りをするその日まで、学校では、最初はゆるやかに、そして除々に厳《きび》しく、どのように時間を過ごすのかが事細かく決められていくのです。子どもたちが自分からやりたいと思うことの範囲は、非常に狭《せば》められていきます。教師は、生徒たちの服装や髪型から、作文の内容にいたるまで干渉《かんしょう》することによって、生徒を拘束《こうそく》するのです。

しかし、このような構造を正常なものとみなす通念《つうねん》がはびこっているのは、どの学校においても同じです。ですから、このような構造を問いなおしたり、誤りを正したり、また「立派な教育」を行なう上で、生徒の起こした問題を、いちいち同情的に見なおしたりする必要はないわけなのです。ただ、学校の中は、このような強制に対して、反発を密《ひそ》かに持ちつづけている生徒たちで、飽和《ほうわ》状態になっているのです。

正面きって反感を表わすか、教室で全く学習意欲をみせないか、あるいは宿題をしない場合、学校はそういった子どもたちを、敵とみなします。学校という所は、子どもたちを下層の者として扱い、頭ごなしに叱《しか》りつけたり、放課後に居残《いのこ》らせたり、悪い成績を意図的につけたり、戒《いまし》めの補習をさせたり、罰としての仕事をあたえたり、また時には、授業の後に教師が署名をしないと家に帰れない用紙をもたせたり……、こういったことによって総体《そうたい》的な抑圧を課《か》す所なのです。

◉ その子の心の中に率直な自分がある

私が言いたいのは、学校が何を目的とするのかではなく、何を実際にもたらそうとしているのか、この点にあることを強調しておきたいと思います。子どもたちが学業面で問題を起こす原因ついて、教師や父母と話すとき、カリキュラム、教育施設、教授法、学校制度に関するありとあらゆる偏見……が列挙《れっきょ》されることはしばしばですが、十年間の熱心な議論の中で、子どもたちの心の中に、学校に対する、独自の、それぞれ異なった、複雑な思いがあることを理解した人は、だれ一人としてお目にかかったことはありませんでした。きつく叱《しか》られたり、また大人さえも耐えがたい屈辱《くつじょく》を負わされたとき、子どもたちは、心を痛めたり、ある場合には憤慨《ふんがい》することを説明すると、大半の大人は例外なく驚愕《きょうがく》するのです。

◉おい、こら「生徒手帳を見せなさい！」

ごく最近、私は十五歳の少年を、親代わりとしてあずかっていました。彼は登校拒否になっていましたので、そのことについて彼の学校の教頭に会いに行きました。長時間話しあったなかで、ある話題にふれたとき、教頭は私に対して不愉快そうにしておりました。その話題――私が非常に疑問に感じた事柄なのですが――とは、学校で行なわれているある規則のことでした。この学校では、生徒一人ひとりが学校から生徒手帳を支給され、学校内では必ず携帯《けいたい》することが義務づけられておりました（面倒をみている少年はその手帳を紛失してしまったのですが）。そして、教師は、いつでもその手帳を提出するよう生徒に命じることができました。また、生徒の賞罰《しょうばつ》について教師が書きたければ、生徒手帳に記入することもできたのです。その意図はつまり、父母が教師の伝達事項を読み、家庭においても教師の指導に従わせるためのものなのです。

こういった手帳をいつも身につけ、求められれば提示しなければならないのは、全世界を見わたしても、アパルトヘイト時代★3の黒人のみであることを、教頭に指摘しました。さらに、子どもたちにとって、アパルトヘイト下の黒人と同様に、手帳をいつも提示することを強制され、教師がそれにサインをするという体験は、恥と怒りでいっぱいの体験であること、それゆえ、今は従順な子どもたちも、いつかは不満を爆発させるのではないかと、教師自身が生徒に恐れを抱き、そのため、いっそう子どもたちを卑下《ひげ》することになりはしないかということ、こういった話をしたのです。

この話をしたとき、教頭は私に対して非常に憤慨《ふんがい》しました。生徒手帳に関する私の指摘は、教頭の想像を絶するものだったからです。私の話を馬鹿げたものにすぎないと決めつけ、そういう考えは理解しがたいと激怒《げきど》しました。学校は、あくまで子どもたちのことを真剣に考え、

★3 南アフリカ共和国で一九九一年まで続けられた、白人による非白人への極度に人種差別的な政策及び制度を指す。オランダ語から派生したアフリカーンス語で「隔離」を意味する。南アフリカ共和国は多民族社会であるが、人口比で十三%の白人が、黒人七四%、カラード（混血）九%、アジア系二%を、政治的・経済的・社会的に支配していた。一九九四年の全人種選挙とマンデラ政権の誕生、「虹の国の建設」といった政策によって、このアパルトヘイト体制は実質的に崩壊したが、まだまだ課題は残されており、克服への道はなお険しい状況にある。

親との対話をはかるために、生徒手帳を導入したのだ、というのがその理由でした。教頭にとって、生徒手帳は教育上の意義深い目的を持っているため、子どもたちが、携帯と提示を命じられた際に、どのような感情を持とうが、それはさほど大事なことではないかのようでした。教える者として、教頭は、子どもたちにとって何が効果的なのかをよく察知《さっち》しており、子どもたちが気にいらなくても、おかまいなしのようでした。

私はなおも食い下がり、教頭の考えについて反論をつづけました。学校教育にかかるお金の負担は膨大《ぼうだい》だが、教師から教わったことや試験に出た問題などは、学校を卒業すると、脳裏《のうり》をかすめる程度で何も残らないというのが、学校教育の実態であると、私は主張しました。たとえば、ピタゴラスの定理を教室で教えていて、ある生徒が机に座ったまま「おもしろくないなあ、お腹《なか》がへったなあ、ちっとも分からないや、おしっこにいきたい」ということしか考えていなかったとしたら、授業は、ピタゴラスとは全く無縁な世界にあるのです。むしろ、その授業は、おもしろくなく、お腹がすく、わけのわからない、じっとできない授業にほかなりません。生徒手帳のことも、このように考えていけば、親と学校側がすばらしい対話をするために、子どもたちにいつも持たせたとしても、そのことが、もし子どもたちに、まだ未熟であるということをたえず意識させ、自分たちのやりたいようにできないと思いこませ、生徒手帳を嫌《いや》なものと感じさせていたとすれば、学校側が期待する教育効果は無に等しいのです。

私も教頭先生の立場にあったならば、私の「言いがかり」に激怒したと思います。というのは、学校が生徒たちに対してひどい扱いをすることは、絶対にないはずなのですから。確かに、生徒手帳は、一見、すばらしいアイデアのように思えます。これを考えた熟練の教職員は、厳格に生徒たちを管理する学校のイメージを、効果的に表わすものとして、思いついたのかもしれません。よくできる生徒にとって、教師が書く好意的なメッセージは、きっと心地《ここち》よいものにちがいない、そう考えたのでしょう。よくできない生徒にとっては、親から怒られたり、おどされたりする口実を与えはしますが、しかし、手帳交付《こうふ》以前にも、そういうことは家ではしょっちゅうのことでもあり、また当然の報《むく》いでもあることから、さしたる問題はないだろうと、そう考えたのでしょう。学校が生徒たちに害を及ぼしていることに気づかない恐ろしい現実。この現実は、害があるのかどうかについて、生徒みずからが考えるような、そのような余地《よち》を、学校が生徒に与えないことに根ざしているのです。

◉かすかな望み――体罰がなくなる日

ゆっくりとではありますが、体罰をめぐる状況も変わりつつあります。私が九歳か十歳の頃、杖《つえ》で打《ぶ》たれるかもしれないという恐怖心にいつも怯《おび》えていたことを、いまだに憶《おぼ》えています。小学生の頃、担任の教師に、してはいけないことをして見つかると、棒で打《ぶ》たれましたが、何を言っても全く弁解《べんかい》の余地をあたえてもらえませんでした。

◉ただ、たまたまそこにいただけ

ある日、運動場で、何人かの男の子たちが、私のすぐそばの目のとどかない所で、悪さをしていました。そうすると、運動場の当番が見つけて、私もひっくるめてその場にいた問題児ともども、担任教師の所まで連れていかれました。生涯において、この体験ほど恐く、腹立たしいことはありません。問題をおこした子どもたちとは、偶然そこにいあわせただけのことでした。私の担任教師は、「悪さをした張本人たちが赦《ゆる》しを請《こ》う場面にしょっちゅう出くわすが、それは往生際《おうじょうぎわ》が悪い証拠だ」というふうに信じておりました。そこで、私は有無をいわさず打《ぶ》たれました。担任教師は、その部屋を出てから、もうそれ以上のことを考えなかったと思います。

しかし、今日まで、このことは、苦痛に満ちた、苦く腹立たしい思い出として残っています。あの時、担任教師を殺して、地獄のような学校を、こっぱみじんに爆破《ばくは》できればと思ったことを、はっきり憶《おぼ》えています。私は、子どもに対して接するときは、一人前の男女として扱うべきだということを、この教師に知ってほしかったのですが、たぶん彼はそんな思いなど分かっていなかったのでしょう。彼の子どもに対する認識は、たぶん、ひどく殴《なぐ》られても、大きくなればすぐ忘れるものだ、というものだったのかもしれません。しかし、もしそうならば、この認識は間違っています。少なくとも私は、子どもたちを教えるにあたって、この担任教師が正しいと思っているかもしれないやり方を、否定してきました。

◉専門職としての教師と体罰

現在の公立学校では、子どもたちがひどい体罰を受けることはありません。この小さな取り組みに対して、私は、政治家や法律起草者《きそう》に称賛《しょうさん》を送りたいです。しかし、皮肉なことに、教師が中心となって、体罰廃止法の成立に抗議したといういきさつゆえに、恥ずかしいことに、教師たちの功績《こうせき》は半減《はんげん》されるでしょう。私が属している全英教員組織と女子教員組合は、「専門家の英断《えいだん》」によって、子どもたちの体罰が必要な場合は、容認されるべきだと主張したのです。教育に直接関わっていない人たちよりも、熟練した教師のほうが、体罰に関する決断を下すのに、より適しているなどと考えたわけです。しかし、弱く未熟な者に苦痛を与えるという、冷血で頑迷《がんめい》な決意でもって体罰を与えることは、断じて正しい判断でありません。

教養ある人でも、こと体罰に関して寛容《かんよう》なことは、私を憂鬱《ゆううつ》な気分にさせます。とても子ども好きな、尊敬すべき友人でさえ、たとえ自分の子どもとの関係がうまくいっていても、子どもに体罰を加えることが許されなければ、文明社会を維持するのは困難であると、固く信じています。友人たちの親切で良識のある振るまいの背後には、野蛮で残忍な心が潜《ひそ》んでいるようで、機会があれば、いつでも一気に噴《ふ》き出そうと、その出番を待っているかのような気がします。

私の友だちにとっては、統制《とうせい》と力が自己正当化の価値となっています。このことが問題だと思います。リベラルな思想を教えたり、子ども中心の教育をしたりすることは、学校の外でならいくら教えてもよいけれども、いったん教室の中に入れば教師の言うことに背《そむ》くことは許されない、という次第なのです。このような考え方は、どういう事態をもたらすことになるのでしょうか。政治的な力と大人たちの世界が、全面的な勝利をおさめる世界しか待っていないでしょう。

◉どうやって学校を変えるのか？

それでは、いったいどうすれば、学校をめぐる状況を変革することができるのでしょうか。いかにすれば、権威主義に支配された学校という体制のなかで、子どもたちの人権を守ることができるのでしょうか。

学校が、ナショナル・カリキュラム★4と義務教育年限によって統制されている限り、学校を根本的に変えることはできないでしょう。子どもたちのそれぞれが、多様な関心を持ち、また成長の度合も個々に異なっていますので、学校をとりまくこれら一律《いちりつ》のナショナル・カリキュラムや義務教育年限といった要素では、子どもたち一人ひとりの要求を満たすのに、臨機応変《りんきおうへん》に対応できる仕組みになっておりません。ですので、学校自体が自己解体しなければ、本当の意味での人間教育を実現することは、できないのではないでしょうか。

学校を、子どもたちにとって、本当に公正で生き生きとした所に変えるためには、まず、大人たちにとって都合のよい仕組みとかやり方を、削《そ》ぎ落とすことから始めなければなりません。たとえば、強制的な出席日数を廃止することも、そのひとつです。子どもたちが、学校に本当に行きたいか、行きたくないのかを問わず、ただ登校することだけを義務づければ、教師は、子どもたち自身が学校で学ぶことをどのように思っているのか、次第に分からなくなっていきます。また、教師は、たとえ自分のすることなすことが、子どもたちにとって決して良い

★4　一九八八年保守党のサッチャー首相によって導入された統一カリキュラム。ナショナル・カリキュラムは、①必修課目の指定、②各教科の教育内容基準の明確化、③ナショナル・テストの実施、という三点からなる。日本では学習指導要領がこれにあたる。他方、イギリスでは教育課程の自主編成の伝統が根強いため、学校の判断でカリキュラム外の教科や、総合学習などを行なうことも可能となっている。しかし、教科内容をめぐる対立や、ナショナル・テストのボイコットなどの諸問題も生じている。二宮皓編『世界の学校——比較教育文化論の視点にたって』、福村出版、一九九五年、一一五〜七頁を参照。

結果にならなくても、学校に来るというだけで何か子どもたちに身につくものを与えていると、錯覚をしてしまうのです。

◉学校における道徳的価値基準

学校においてはどのような道徳的価値基準がよしとされるのかを、注意深くまた批判的に検討しなければなりません。私には、気づいてから何年も考えつづけていることがたくさんあります。そのひとつは、校門を通ったとたん、かなり異質で、厳格で不合理《ふごうり》な道徳的価値基準が存在する世界に、子どもたちが突入することです。学校の外の世界では、何が正しくて間違っているかは、普通の人であれば年齢に関係なく、それぞれ個々の置かれている状況に応じて、理解でき、判断することができます。人を殴ったり、他人のものを盗んだり、他人の心を踏みにじったり、侮辱《ぶじょく》したりすることは、明らかに悪いことです。親切で思いやりのある行いは、正しいとされるでしょう。けれども、学校という世界の中では、この当然の善悪の規範《きはん》が歪《ゆが》められております。

子どもたちがいったん学校の中に入るや突然、決められた服装以外のものを着たり、一定の形や色でない靴を履いたり、特定の場所で時間外に飲食したり、与えられた課題をしなかったり、雑談したり、走ったり、決められた時間外にトイレに行ったり、好きな時間に家に帰ったたり、退屈な授業や教師が恐い授業に出なかったり、そういったことはすべて、してはいけない悪いことに変わります。

これらの行いは、それ自体は間違ったことではありません。宿題をしなかったり、授業を休んだりすることは不道徳なことでもありません。こういった行為は、大人たちのたてまえ上、都合が悪かったり、あるいは心配の種になるかもしれません。でも、とてつもなく悪いことをしたわけではありませんので、厳格な処置がとられるべきではないでしょう。むしろ、学校の規則というものは、思いやりのない、人を傷つける行為から、いかにして子どもたちを守るのかという方策として、使われるべきだと思います。校則がこの用途以外に使われる場合は反教育的であると言えるでしょう。

◉だれが校則を決めるべきか?

反教育的なこととして指摘できるもうひとつのことは、子どもたち自身には、自分たちの規則をつくり管理していく能力がないと、決めつけることです。A・S・ニイル[★5]のサマーヒル学園の子どもたちは、一九二〇年代以来、自由自治《じち》を行なってきました。自分たちで自治《じち》をして

★5 本書43頁の訳註★7を参照。

いくなかで、子どもたちは、学園には一人ひとり少しずつ違った考えを持った人がいることに気づきました。そのため、納得できる規則を決めるためには、最大限に気をつけなければならないという、他の子どもたちが発見できない真実を学びとっていったのです。いかなる集団社会においても、規則を定める者は、不利益をこうむると思えるすべての人に対して、耳を傾けなければなりません。規則を制定する者は、人びとがこうむる被害が最小限になるように、規則を変更しなくてはなりません。こうして初めて、集団社会のメンバー全員に対して、規則に従うか、またはある種の罰則を受けるかということを、納得してもらえるのです。

しかし、学校の中で子どもたちが拘束《こうそく》されている規則は、例外なく秘密裏に、校長と教員によって決められているか、あるいは校長の独善《どくぜん》で決定されております。子どもたちが、校長や教員を信頼しないのは、もっともなことです。しかし、みんなの意思によって選ばれたわけでない独裁者が作った法を、疑問も持たずおとなしく従うことに正当性《せいとうせい》を見いださないかぎり、校長や教員が規則を決めなければならないという根拠は、どこにもありません。イギリスにおける法律は、その法を制定した人たちを、国民が選んだということから、合法であり拘束力がありますが、しかし、この法律がもし不当なものであれば、法を否決したり改正するために、別の制定者を選出すればよい制度になっています。もし、これが私たちの政治のかたちであるとしたら、子どもたちに対しても、同じような方法で校則が決められるように、勧《すす》めなければなりません。

こういった私の意見を一笑《いっしょう》に付する人もいるかもしれません。子どもたちが規則を自分たちで決めることを、すんなり受け入れる大人に、私はかつて出会ったことがありません。その理由は、子どもたちが大人の作った規則を、しばしば破るからです。実際に、子どもたち自身が自分たちで、学校の規則を決める例外的な学校でも、いつも規則を守らない子どもがたくさんいることも事実です。ですが、規則によって生活する者こそが規則を決めるべきだと、私は確信しております。というのは、もし規則を守らない者が現われても、誰もがこう言えるからです。あなたがこの規則を決めたのでしょう、この規則に不満があれば、決めるときに自分の意見を言えたじゃありませんか、あなたも含めたみんなで、この規則を決めたのですから、それはあなたの規則でもあり、私の規則でもあるのですよ、と。

いずれにせよ、子どもたちに校則を決める権利を与えることの最大の効果は、教師から、学校における警察官としての任務が、なくなることなのかもしれませんね。

5章 全体主義カリキュラム

◉君の心をあずけなさい

学校のカリキュラムは、子どもたちの栄養となるか、毒物となるか、どちらかでしょう。その中間はありえません。はっきりいって、私は毒物であると思います。

教室にいる子どもたちは、学習には縁遠《えんどお》い時間を過ごしていますが、だからといって、カリキュラムに定められた教科以外の関心をもった事柄に没頭《ぼっとう》したいと思っても、それができない仕組みになっています。教師は子どもたちの自由な発想の壁として立ちはだかります。机の上に並べられている教材は、教師が選び与えたもので、生徒が授業に集中するように作られたものです。授業が行なわれている間、生徒たちは教師や授業に心をあずけなければなりません。

もちろん、授業の進行をさまたげる行為をした場合は、容赦《ようしゃ》なく処罰されます。

授業計画の中には、生徒自身の自発《じはつ》性や、生徒独自の好奇心などが、入りこむ余地はほとんどありません。もっとも、多くの教師は、生徒たちが質問をするよう促《うなが》し、自主的に考える力を育てようとしており、こういった教師の取り組みは、たいてい良い結果をもたらしていて、喜ばしいことだと思います。しかし、教師個々の取り組みがどうあれ、根本的に、子どもたちが生き生きと質問したり、興味のある知識を探求したり、そういう方向に促すようには、学校の組織や運営が計画されていないのが現実です。

◉教師にとって厄介《やっかい》な生徒の質問

もし、子どもたちが、授業の進み具合に関係なく、自由奔放《ほんぽう》に、教師に対する質問攻《ぜ》めを思い立った場合、ごく普通の教師ならどのような事態に直面するか、その情景《じょうけい》を想像してみてください。もちろん、質問は、その時の授業内容に直接かかわるものではなく、生徒たちの脳裏《のうり》をかすめた、すべてのことについてであります。ときには深刻な、ときには癪《しゃく》にさわるものや取るに足らないものも含め、ありとあらゆる質問に対応しなければならないことに、お気づきになるでしょう。これはとうてい教師の手におえるものではありません。ただただ、自分が子どもだった頃の情景を思い出し、呆然《ぼうぜん》とするばかりだと思います。もし教師が真面目に子どもたちの質問に応じようとすれば、子どもたちの好奇心を満たすまで――実際は勉強をしたくないので質問しているのかもしれませんが――、正規《せいき》の授業を中断しなければならないでしょう。

そうなると、教師の方は、たまらなく苛立《いらだ》ってきます。いかに子どもたちとの質疑《しつぎ》応答の時間が活気に満ちたものであっても、学校という制度のなかでは、自由気ままな授業形態をとることは、絶対に禁止されており、ナショナル・カリキュラムにそって授業を進めることを、教師は強要されるのです。

教師は、日々教えることに対して、良心的な矛盾を感じています。子どもが本当に興味を持っていることにどう対応すべきかということと、カリキュラムに忠実に準拠《じゅんきょ》しながら授業を進めなければならないということ、この矛盾を抱え込んでいるのです。このことに関しては、イギリスの公立学校の場合、答えははっきりしています。というのは、公立学校という制度自体が、カリキュラムの通りに事を進めるからです。その結果、子どもたちは、画一化された授業を受けることになります。けれども、もし授業が、子どもたちにとって、大人の世界で生きていくのに必要な知識や技術を、十分与えてくれるだけのものであれば、それで良しとし、問題はないのかもしれません。しかし、数少ない例外的なケースは別として、ほとんどの授業は、そうではありません。

◉子どもにとって本当に大事な知識とは？

子どもたちがナショナル・カリキュラムで学ぶ知識とは別のことに興味を持っている場合、学校にいるということは、子どもたちの知的な発達を、制度的に阻害《そがい》する作用をおよぼしはしないでしょうか？

ナショナル・カリキュラムは、ある特定の知識を重要とし、生徒全員が、必ず学ばなければならないものです。私立学校を除く全ての学校では、特定の知識の詳細《しょうさい》な説明をほどこし、それを押しつけることによって、イギリス全土の子どもたちを、書物を中心とした学習を喜ぶ者と、そうでない者の、二つのグループに分類してしまいます。後者のグループは、心のなかで共鳴《きょうめい》することのない知識によって混乱し、また、学校自体が彼らの興味を許容《きょよう》する場を狭《せば》めることによって、生徒間に上下の階層《かいそう》ができてしまい、落ちこぼれていく者がでてくるのです。

◉バトラー法によって生じた「はきだめ」

イギリスの教育制度において、落ちこぼれは、大きな問題です。一九四四年に公布《こうふ》されたバトラー法[★1]は、この問題を解決するために、セカンダリー・モダーン・スクール[★2]というものを設置することによって、高等教育に進まない者（イギリスの人口の六五～七〇パーセントを占める）に、グラマー・スクールのカリキュラムを若干薄めたものを教えようとしました。[3]教師は、子どもたちの学習意欲を高めるというよりは、教室を囲むための統制力に秀《ひい》でた人物が選出されました。

◉平等という名の養鶏《ようけい》小屋

バトラー法の致命《ちめい》的な欠陥が教育界において明らかになったとき、コンプリヘンシブ・スクール[4]が代わりに登場しました。優秀な進学校や就職をめざした学校を一掃《いっそう》し、その代わり、広範囲にわたるあらゆる平等を意識した試みとして、バッテリーハウス[5]（養鶏小屋のようなもの）が出現しました。しかし、平等をめざしたとはいえ、この学校の設置のためのさまざまな議論や理論立てが一段落すると、またまた振り出しに戻ってしまいました。というのは、教師や親たちは、あいかわらず、学校という所が、読み・書き・そろばんを教える所だという思い込みからぬけきっていなかったのです。そのために、授業内容が難しかったり興味がなかったりする生徒たちに、それぞれ個別のカリキュラムを制定するのではなく、一律の補習授業を受けさせたのです。何百万人もの子どもたちは、学校の授業を楽しむことができない原因は、本人に何か問題があるのだと、決めつけられて育つことになりました（現在も、あいかわらず、そうなのですが）。

★1　正式名を「一九四四年教育法」という。R・A・バトラーが教育院の総裁であったときに成立した法律であるため、通称としてこう呼ばれる。この法律によって、義務教育年限の延長、教育院の教育省への格上げによる教育担当省庁の権限強化など、中等教育の機会平等とそれにともなう中等教育改革がはかられた。しかし、実際には大半の中等学校が三類型別の形態を採ったため、さらなる平等化は後の総合制中等学校の普及を待たねばならなかった。『新教育大事典』、第五巻、第一法規、一九九〇年、小口功筆、五一五～六頁を参照。

★2　バトラー教育法により、第二次大戦後、新たに中等教育を行なうこととなった学校。グラマースクールとは違い、基本的には高等教育への進学を目的としない普通教育がなされていたが、後に進学向けや職業専門科目を含める試みを行なう学校もあった。前身は、エレメンタリースクールと呼ばれていた非進学者向けの小学校上級部と、それが独立していたセントラルスクールである。『新教育大事典』、第六巻、第一法規、一九九〇年、小澤周三筆、三七〇～一頁を参照。

★3　セカンダリー・モダーン・スクールはグラマー・スクールをモデルにしながらも、実際に教えられる教科内容は、グラマー・スクールで教えられている読むこと、書くこと、算数、科学等をよりやさしくして簡素化したものである。例えば、グラマー・スクールではより高度な文法、文章分析やシェイクスピアの劇が教えられたが、セカンダリー・モダーン・スクールでは、動詞、名詞、形容詞などの区別に時間がかけられ、やさしい詩や短篇小説が教えられた。（著者クリス・シュートの説明より）グラマー・スクールについては本書39頁の訳註★2を参照。

★4　本書47頁の訳註★9を参照。

★5　バッテリーハウス　にわとり小屋のこと。たくさんのにわとりを詰め込んだ、狭い、騒々しいところで、にわとりをより早く肥えさせ、市場に出荷するのが目的。学校の暗いイメージを表現するのに、しばしば比喩として用いられる。

◉誤診《ごしん》にもとづいた「正しい治療」

もし医者が、患者に対して、こういうことを言った場合を思いうかべてください。「あなたはきわめて重い病気にかかっています。ですので、患《わずら》ってはおりませんが別の病気の処方をしましょう。というのも、その治療は私の得意分野ですので、他の誰よりもすぐれています。薬を出して二日間ほど安静《あんせい》にすればいいのですが、この際ですから、ただちに手術をして〈悪いところ〉を摘出しましょう。これが本当に適切な治療というものです」と。

とんでもないという抗議の声があがるのが、当然のことでしょう。しかし、教育の専門家は、子どもたちにこう言っているのです。「おまえたちが、いかに上手《じょうず》にできようとも、おもしろいと思っても、それは我々には、うっとうしいだけなんだ。おまえたちの不得意な科目を徹底的にしごきまくり、それでも、とうてい理解がおよばない事柄や、一定の水準に達しない科目があれば、その結果をみて、おまえたちに落伍《らくご》者であるという烙印《らくいん》を捺《お》してやる。こうすれば、学校の水準は保《たも》たれるのだ。」

◉子どもたちは大人の所有物ではない

子どもたちは一人前の人間であり、大人の所有物ではないということに、ほとんどの大人は気づいていません。

私たちは、自分の属する国家の中で培《つちか》われた伝統や受け継がれた文化を、子どもたちにそのまま継承《けいしょう》させることは、すばらしいことだと思いこんでおります。同じように、音楽、美術などにおいて価値あるものを、若者に伝達しなくてはならないという錯覚に陥《おちい》りやすいものです。しかし、私たちにはそのような権利はありません。確かに、揺《ゆ》るぎないヨーロッパ文化を次世代に残すことは重要なことかもしれません。しかし、若者のライフ・スタイルに対して、伝統的価値を押しつける権利は、誰にもありません。たとえ、どういう評価を、モーツァルトやヘビー・メタルロックに与えようとも、年配であるとか、人生経験が豊富であるといった理由だけで、大人の世界の価値を押しつけることはできません。しかし、不幸にも、イギリスでは、労働党や民主党[★6]による圧倒的支持で可決されたナショナル・カリキュラム[★7]によって、政府は学校全体を画一化しようとしています。一連の保守系の教育大臣[★8]は、教員、学識経験者、公務員からなる教育審議《しんぎ》会を設置し、すべての公立学校の生徒が学ぶべきカリキュラムの大綱《たいこう》を検討することが、この審議会に委嘱《いしょく》されました。もちろん、各分野にまたがる最新の情報と最良の方策をもとに審議されたわけなのですが……。

しかし、この審議会案の趣旨《しゅし》が、政府の思惑《おもわく》どおりのものではなかったため、「目的がしぼられておらず、あまりにも子ども中心すぎる」といった政府見解によって、採択《さいたく》されなかったのです。そこでイギリス政府は、国務省を通じて教育方針を明らかにしようとしました。

つまり、子どもたちにとって学校で学ぶことは、高度な文化と伝統的な価値を学習することが究極の目的だという方針を、教員たちに徹底させたかったのです。もちろん、子どもたちの方は、言われたことをそのまま飲み込んだりしませんし、文化とか学問の発展に貢献するつもりも、さらさらありません。

もしも子どもたちが、学校で学ぶことをつまらないと感じていれば、子どもたちが求めているものに対して得ることのできるものが、極めて少ないということです。学校にとって扱いやすい子どもたちは、学校で学ぶことの意味をいずれ分かるでしょうから、すべての圧力を良い方向へと受けとめるかもしれません。しかし、王様や戦争の年表を暗記することに意味を感じない子ども、一世紀以上前に書かれた書物に興味を抱かない子どもは、社会生活に役立つ知識を授《さず》けられないまま、教養のない人間という烙印《らくいん》をおされて、学校を去っていくのです。

責任ある一国の政府がこのような教育方針をとることは、理解に苦しみます。しかし、カリキュラムの背後に潜《ひそ》んでいる政治思想がどんなものであるかを調べると、なるほどと、その馬鹿さかげんがよく分かってきます。

◉危険な子どもたちとは？

どのような政治体制下においても、学校という所は、不安定で危険な要素をはらんでいるも

★6　労働党と民主党　今日のイギリスの議会を代表する党は保守党、労働党および自由民主党（民主党）である。第一次世界大戦以降、労働党は十九世紀後半の主力であった自由党の政治勢力を奪い、保守党政権の野党となった。第二次世界大戦後、労働党は一九四五～五一年、一九六四～七〇年、および一九七四～七九年に、保守党は一九五一～六四年、一九七〇～七四年、そして一九七九年から政権を担当している。一九九七年からは、トニー・ブレア首相による労働党政権となっている。自由民主党は一九八八年に自由党と社会民主党の連合として結成。社会民主党は一九八一年に穏健派の元労働大臣などによって結成され、大半は労働党からの離党者からなる。

★7　本書93頁の訳註★4を参照。

★8　一連の保守系の文部大臣として次の代表的な三人があげられる。①キース・ジョセフは保守系文部大臣の中でも最もよく知られた文部大臣の一人で、サッチャー首相の金融政策の立案者でもあった。彼は、生徒たちの中の四割は十一年間学校で学ぶことに意味がない子どもたちだと考え、さらに厳格で強制的な学習を施そうとした。②ケネス・ベーカーはキース・ジョセフの後継者であり、ナショナル・カリキュラムを制定した文部大臣である。また、教師に対しても最低勤務時間を決めたが、これはイギリス全土の教師の反感を買った。ナショナル・テストを考案したのも彼であるが、その結果を新聞に公表し、親が自由に進学に有利な学校を選べるといった、市場経済の原理を教育に導入した。③ケネス・ベーカーに続く文部大臣はジョン・パッテンである。彼は公立学校にOFSTED（Office for standards in education: 教育基準局）を設置し、四年に一回、インスペクション（立ち入り検査）を実施し、ナショナル・カリキュラムが各学校で実施されるよう徹底した。（著者クリス・シュートの説明より）

のです。いつの時代でも、子どもたちは、新しい考え方や、生き生きとした感性を体全体《からだ》から発してきました。やがて青年期に達すると、自分たちの価値観を主張して、既存の社会を変革しようと試みるようになります。逆に、年配の者にとっては、居心地が悪くなります。そして、次の世代の若者たちは、さらに世界をひっくり返し、前世代に若者であった大人たちの価値観を、新たに否定するのです。

このような理由から、政府としては、既存《きそん》の体制に従順な思想を子どもたちに強要することに、やっきとなるわけです。政府関係者が妥当《だとう》とみなす知識だけを、意味のあるものとして認めさせ、それだけを学校において教えれば、「危険思想」を育《はぐく》む可能性を防《ふせ》ぐことができるのですから。イギリスの教育において、政府は、読み書きとそろばんをあまりにも重要視してきましたが、ここに政府の思惑があるのです。

◉事務員養成《ようせい》機関としての学校

教職に就《つ》いている者として、なぜ算数と英語の二教科が、公立学校で盲目的《もうもく》崇拝《すうはい》の対象となっているのか、疑問に思います。もちろん、私は、この二教科が、どんな場合でも、まったく意味がなく、役に立たないなどと言おうとしているのではありません。なぜこの二教科が、イギリスの学校制度において、全教科の二本柱になっているのか、そのことを問いたいのです。

おそらく、この二教科が一世紀前に確立されて以来、現在の政府も同じような価値基準をもって、二本柱として設置しているのではないでしょうか。当時の学校教育の目的は、伝達事項や工場の規則がわかる、すなおな従業員をきっちりと養成し、なおかつ事務員や会計係の仕事もこなせる人材を調達《ちょうたつ》することにありました。しかし、今日では、このような仕事にはさほど需要《じゅよう》がありません。にもかかわらず、政府は依然、読み・書き・そろばんを重要な学習機能として、全国統一のカリキュラムのなかに位置づけているのです。もはや、子どもたちに学習の喜びを感じさせるものではなく、子どもたちを軛《くびき》につなぎ、重い枷《かせ》をはめるものなのにもかかわらず。

◉ほんらい学校とは楽しいところ

算数も英語も、子どもたちにとって、ほんとうの意味で役に立つものでしたら、ほんらいは、楽しいものに違いありません。逆に、子どもたちにとって、活《い》かすことのできないものでしたら、これらの教科から何の楽しみも得ることができないでしょう。イギリス全土を見渡しても、学校という所で教師たちは、生徒がどれだけよく読めたか、たし算ができたか、またはできなかったのか、そんなことばかりに毎日あけくれております。こんなことでは、子どもたちのこれからの人生で、さまざまな能力が開花する可能性を、だいなしにしてしまいかねません。

不幸にも、特に教育大臣を中心とするカリキュラム制定者は、公教育成立以降、学習における楽しみを、まったく考慮に入れてきませんでした。現政府は、教育は子どもたちのためにあるのではなく、親たちに対するサービスなのだという強迫《きょうはく》観念にとらわれており、また親たちの方も、教育は難しい事柄を教え込み、それゆえ、もともと退屈で忍耐を要するものだと確信しきっています。第1章で述べましたジョン・ホルトは、政府の役人にとって、人生とはピクニックのようなものではないように、学校ももちろんそうであってはならないらしい、と語っております。

保守系の教育大臣は、統制《とうせい》という目的を達成するために、教師たちが彼らなりに工夫してカリキュラムを生き生きとしたものにする努力を、ことごとく潰《つぶ》してきたのです。子どもを中心にした試みにまではいたらなくても、たんに子どもの興味を考慮にいれた授業をしただけでも、そういったやり方を排斥《はいせき》していったのです。まじめな教育者だからといって、子どもたちのために最善《さいぜん》を尽《つ》くしているとは、決して言えないのです。

教師は、子どもたちが大人の世界にいつか参入することを想定して、この社会で大事な決断にせまられた時に、自分で理解し判断するためには、どういった準備が必要なのか、たえず考えながら授業をしています。また、誠実で思慮《しりょ》深い教師は、目的を達成するための最良の方法が何であるかを、考えつくかもしれません。ですので、こういった教師たちが、どのようにすれば、子どもたちにとって最も役立つ教師になりえるのか、悩んだり考えたりするのは当然のことでしょう。

◉難解《なんかい》な質問

もし、なんらかの理由で、子どもが、読み書きやそろばんを覚えることに障害をもっている場合、あるいは、母国の文化に適応できない場合は、たとえ強制してみても、子どもの学習効果をあげることは難しいでしょう。こういった例と決して同じにすることはできないのですが、しかし、興味もなく、学ぶ意欲もない子どもに、どういった方法をもってすれば学ばせることができるのか、考えるきっかけを与えてくれます。また、ある一定の学習習慣を植えつけても、それが本当にその子どもにとって、自分の行動様式として獲得したものになっていくのかどうか、やはり考えさせられます。人びとを従順にしていくことが、服従という価値（もしそこに本当に価値があればですが）を、どれだけ人びとに浸透《しんとう》させることになるのでしょうか。

大人の世界では仕事をすればお金を稼《かせ》げます。子どもは、一銭の報酬《ほうしゅう》もない仕事に対して、仕事をする価値をどれだけ見いだすことができるでしょうか。子どもたちがいちばんよく学ぶことができるのは、どのようにして学ぶのか、どれくらい時間をかけていいのか、こういったことを選択する自由がある場合です。子どもたちは、学校の成績が良かろうと悪かろうと、どの子どもも、自分の母国語、または身のまわりで話されている言葉を話すことができます。というのも、自分の意思を伝えるのに必要な手段だからできるのです。どのように言葉を習得するのかは、当人たちの自由な工夫によります。この自然で自発的な結果とは正反対に、学校では、多くの生徒たちが退屈を強いられ、初歩レベルの段階で、学ぶ意欲を喪失《そうしつ》していきます。はたしてこれは、子どもたちが出来ないからなのでしょうか。それとも、学校での学習体験が、子どもたちの知的要求を満たしていないからなのでしょうか。

イギリスの豊かな文化に興味をもってもらおうと、学校側はたいへんな努力をしているにもかかわらず、子どもたちのほうは、学校を卒業すると同時に、本を読んだり、文章を書いたり、計算をしたりすることを、もう二度とやりたくないと思うようになってしまいます。このような逆効果な悪循環が、なぜ何世代にもわたって、なおも繰り返されているのでしょうか。それは、学校教育が義務として強制を強いるからです。しかし、強制することが失敗であるならば、そのことを大声で、「おかしい！」と言わねばなりません。

◉神話の力

基本的に、ナショナル・カリキュラムは、ファシズム思想に根っこをもっていて、カリキュラムを遂行《すいこう》しようとする組織自体も、この根っこのところで結びついています。ですので、もともと個々の人間を軽視する傾向を持っており、子どもたち個々に与える影響を問いただすことは、ほとんどありません。大衆としての団体生活だけが重視されるわけです。この大衆を支配しようとする者は、当然、学校という装置《そうち》を通じて、国家の起源のイメージや、世界のなかでの国家の目的を与えるために、神話を利用します。ここで指摘しておきたいのは、神話とは、けっして「まぎらわしさ」を意味する言葉ではないということです。

古来、どの国家も、後世に残す特別な物語を創造しました。それはあくまで作り話として伝えられ、神々、英雄、魅惑《みわく》の国への旅にあふれた壮大《そうだい》な創作でした。しかし、いったん物語を聞いた人たちは、自分たちの祖先の起源と輝かしい栄光の歴史のなかに、深淵《しんえん》な真実を感じ、この伝説をむしろ崇《あが》めてゆきました。人びとは、自分たちの祖先の壮大な夢を褒《ほ》め称《たた》え、祖先によって勇気づけられたのです。神話のなかに存在する真実は、物語としての出来事ではなく、聞き手が感じる情緒《じょうちょ》なのです。古代ギリシア人はそれを「ミソイ」と名づけました。

今日では、神話なんてもはや効力がないと、お思いになられるかもしれません。けれども、実際には、まだまだ神話の力は失われておらず、学校のカリキュラムを通じて、国家の基本的な思想や感情を植えつけつづけているのです。もちろん、現代においては、英雄から教えを受けることはないでしょうが。国家の創世《そうせい》神話は、国民の民族形成にいたる、文化や規範や様式に関するものを、はっきりと示しています。したがって、国家が求めるならば、みずからすんで困難を引き受けようとするメンタリティーが作られるのです。そのためにも、「イギリス人は偉大な民族である」という神話を実質的に折りこんだカリキュラムを、子どもたちに与えようとするわけです。

難しくて退屈な学習が固守《こしゅ》されるあまり、数学の応用というより、単純な計算作業が重視されます。子ども一人ひとりは、自分の計算機を使えるのですが、学校は掛け算を憶《おぼ》えさせることにやっきになります。このことは、学習において無駄な時間を多く割くことになります。また、数の概念《がいねん》のおもしろさを感じたり、数学と現実社会との生き生きとした関係を理解したりする機会を奪ってしまいます。実に残念なことではありますが、しかし、たぶんそんなに重要なことではありません。というのは、子どもたちは、自分たち個々の関心を満たすために、学校へ行っているわけではないからです。

算数と同様、英語の綴《つづ》り（スペリング）にも過重《かじゅう》な負担が、子どもたちに課せられます。英語の綴りほど、難解で不合理で、ときには全く馬鹿げているものもありません。子どもたちは、創意工夫で編《あ》み出した独自の発音方法でスペリングを使う誘惑をこらえながら、マスターしなければなりません。しかしそれ以前に、子どもたちが書くものはどんなものでも、綴《つづ》りのような形式ばかりにこだわるのではなく、その内容のほうをもっとまじめに受け取り、評価するべきでしょう。

民族は、過去に愛着をもち、過去の影に生きています。「偉大な人間」（小数の「偉大な女性」も含めて）が、軍隊を一般の人びとから徴兵《ちょうへい》し、他の国を侵略し、破壊をし、そしてその国の民衆を支配してきました。支配する者は、これを正当化し、美化して、子どもたちに伝えようとします。イギリス国民は、侵略した土地で、その国の民衆に、英語を使わせ、イギリス人らしい名前に改名させ、イギリス風の服を着用させ、イギリス紳士の発音こそが正しく、イギリスこそが母国という観念を植えつけたのです。

イギリス人は、フェアプレーや正義を大切にする国民だと、自称《じしょう》しております。子どもたちにも、道路を横切る婦人を助けたり、バスに乗ったときにはお年寄りに席をゆずったりすること、あるいは、女性を絶対に殴ってはいけないことや、いつも正直であれといったこと、こういったことを教えこもうとします。けれども、子どもたちにとって、こういった思いやりの精神は、愛してくれる身近な人や、宝物の着せ替え人形以外には、あまり縁《えん》がないものなのです。どういうことかと言えば、つまり、子どもたちは、社会的な価値を持つには幼《おさな》すぎ、また、通常の社会からは隔離《かくり》されてしまっているので機会がないのです。子どもたちは、大人たちから、なんの警告《けいこく》もなしに、正当な理由もなしに、殴《なぐ》られたり、裏切られたりします。社会的な価値を持つには幼すぎるにもかかわらず、子どもたちが自分の素直な感情をあらわにすることを、大人たちは許さないからです。また、子どもたちも、大人たちが真剣に対応してくれるとは、思っていないのです。

イギリス国民は、子どもたちに必要なものは、バランスのとれたカリキュラムだと言います。バランスとは、人間のもつ科学的および芸術的側面を意味しているようです。そして、このカリキュラムの目的は、子どもたちにあらゆる知識を体験させることにあるとも言います。そこで、どのようなカリキュラムが子どもにとって意味があるか、時間をかけて議論をするわけですが、結局、子どもたちは、すべてのカリキュラムを学ばなければならなくなります。

学校で生徒が学んでいる内容に、疑問を抱く人も多いとは思うのですが、でも、イギリス国民の大半は、ナショナル・カリキュラムに添《そ》った教育システムに同意しております。また、保守系政府は、ナショナル・テストを導入することに熱心で、政府閣僚《かくりょう》は、古い教科書、つまり古典的な文学や音楽、時代遅れの算数（親が学んだ足し算）を復活させようとしております。そして、子どもたちが自発的に興味のあることを探求するのではなく、教師の言われた通りに物事を習うという、処方《しょほう》的教授法★8などを推奨《すいしょう》しています。

処方的カリキュラムは、機会均等という名のもとに、子どもたちを強制下に置くことになり、そのことが逆に、実際には、社会における無知と無教養の原因になるのではないでしょうか。

しかし、そんなことを発言すれば、教師や、管理者として教育に関係する多くの大人たちから、怒りをかうことになります。この怒りは、彼らのやり方がすぐれているからということではありません。むしろ、彼らが、解決策を考えようともしていない、また解決さえも望んでいないことの現われと言えるでしょう。私は、その同じ教師が、近代的な子ども中心主義の教授法を、間髪《かんぱつ》も入れずに否定した場面に、何度も出くわしたことがあります。そして、たいてい、自分たちが子どもの頃に受けてきた教育も、今と同じように、いかにつまらなく、役だたない代物《しろもの》であったかということを、こんこんと説《と》くのです。

◉子どもも親も学校はイヤなところ

たぶん、子どもたちの勉強に対する本当の動機づけは、何年か前に、私の同僚教師が言った言葉に要約《ようやく》できるでしょう。私は、彼女に、私の担当している生徒たちが登校してくるときの顔が、灰色で緊張していることに気づいたと、打ち明けました。学校に学びにくるのではなく、あたかも罰として強制労働をさせられるという思いがあるからこそ、灰色の表情をしているのではないかと、私は話しました。彼女は、一瞬考えましたが、重苦しい声で、こう言いました。

★8　処方的教授法　学習者の学習状態の不十分な点を明らかにすることを学習診断と言い、その学習者の状態を改善するための方法として、適した教材や学習方法を指定する教え方。処方的カリキュラムも同じ趣旨のもとにつくられている。

「私もそうだったわ。だから、子どもたちも、当然、それから逃げるべきでないわ！」と。

◉価値ある知識を学校で学べるか

ナショナル・カリキュラムを制定した人びとにとっては、何が価値ある知識かは明瞭です。しかし、どのようにして、これが価値ある、これは価値がないといったように、知識を選別しているのでしょうか。ひょっとすれば、彼らが選んだ知識だからこそ、価値があると考えているのかもしれません。あるいは、子どもたちがたとえ苦しんだとしても、大人たちが昔に尊《とうと》んだ知識の習得を、次世代にも義務づけることができればと、願っているのかもしれません。これらの人びとは、教育的価値がある知識は、なんらかの試験に役立つものでなければならないと考えており、このいわゆる価値ある知識は、我慢して学ぶしかないのだと、信じております。子どもたちが、物事を理解していくプロセスや、好奇心を満たすこと、あるいは、もっと素朴に、知りたいことを知ろうとする行為の楽しさといったこと、こういったことを加味する配慮は、残念ながら、教育プログラムのなかに含まれていないのです。

◉二度もだまされる子どもたち

学校は、子どもたちにとって、楽しい所でもなければ、学ぶことの本当の価値を見いだせる所でもありません。ですから、親たちが長いあいだ耐えた苦行の結果、結果的に良い体験だったなどと、とくとくと説《と》いたところで、子どもたちは、現に学校にいるあいだも、そして卒業後の生活を想像してみても、何ら学ぶ意味を見いだせないのです。カリキュラムのバランスと幅、その構成と詳細《しょうさい》は、子どもたちにとってどうでもいいことなのです。子どもたちは二重にだまされるのです。興味がわかないのに、むりやり嫌《いや》な科目を学ばさせられる。と同時に、興味をおぼえ自分の得意とすることを真剣に求めようと思っても、学ぶ機会を奪《うば》われてしまうのです。

就職しようと思って努力してみても、望む職に就《つ》けず、ときたま職にありつけても、犯罪に最終的に至る。彼らが社会において演《えん》じる役割は、警察、社会福祉員、弁護士たちに必要な仕事を確実に与えるといったことなのです。

私たちは、ナショナル・カリキュラムを、断じて、社会における階層化《かいそうか》を決定づけるものとして使用させてはなりません。子どもたちを、政府や企業の選んだ価値をうまく利益や地位に結びつける一握《ひとにぎ》りの成功者と、何らチャンスも展望もない下級階層の余計者《よけいもの》とに、わけ隔《へだ》てるような機能を、学校で再生産《さいせいさん》してはならないのです。

6章　大人によって支配される学校

学校というものが存在して以来、大人たちは、なぜ子どもたちは学校で品行方正《ひんこうほうせい》に振るまわないのか、と言い続けてきました。その主張は次のように要約《ようやく》できるでしょう。

「学校は子どもたちにとって良い所であり、また必要な空間である。よくできる子どもたちは、このことをよく知っており、学業にいそしむ。だが、できない子どもたちは、そうではない。彼らは、横柄《おうへい》で、怠惰《たいだ》で、うるさく、授業の妨害をする。こういった子どもたちは、大人が伝えようとする大切な事柄を学ぶことが困難なのである。したがって、手とり足とり、無理やりにでも、教師の言うとおりにさせることが、きわめて重要なのだ。これができない、またはやろうとしない教師は、軟弱《なんじゃく》で、教職に就《つ》く者として、あるまじきこととして、許されるべきでない。」

学校における子どもたちの難しい扱いに関する説明は、これにつきるでしょう。また、ごく一般の人びとにとっても、学校での事態を把握するのに、納得しやすい説明なのでしょう。でも、私は間違っていると思います。こういった説明が、何年もの間、子どもたちを抑圧することを、合法化《ごうほう》し正当化《せいとう》してきたのです。

◉自由のために

学校に抵抗する子どもたちは、決して悪い生徒ではありません。このことを説明するために、しばらくの間、少し話が変わりますが、お許しください。

かつて、ナチス・ドイツの支配に抵抗した若者たちがいました。もちろん、学校とは違って、マキ団[★1]は成人でありましたし、また、敵のドイツ兵は武装された部隊でもって容赦なく人を殺しつづけ、支配地の住民を拷問し、国外に追放しようとしました。かつてフランス人が夜間にドイツ兵を銃撃し、部隊を破壊しようとしたのは、残忍さからだけでなく、ドイツ軍がまさに眼前に駐屯《ちゅうとん》していたことと無関係ではありません。支配されたくないと願っている人びとのあ

★1　第二次大戦当時のフランスの反ドイツ遊撃隊。

いだを、伝達が飛びかい、暗黙《あんもく》に統一行動へと結集《けっしゅう》したのです。

慈悲《じひ》深く、寛容《かんよう》な専制者でさえも、人びとの気持ちを踏みにじって権力の座につこうとすれば、たちまち政権を失うことになります。他国のもともとある政権よりも、より効率的に進歩的に統治《とうち》できるなどという考え方は、帝国《ていこく》主義体制の許せない体質です。今や私たちは、近隣《きんりん》諸国に対し、その国の人びとより「文明化」されているとか「進歩している」とか、そういった理由で侵略する権利を認めることは、断じてできません。もし、そんなことをする者がいれば、ただちに侵略された人びとの側にたち、人びとの勇気を讃《たた》えなければなりません。

私たちは、二ヶ国間の文明や文化において、他の国を支配するといった不正義が存在してはならないという、健全な感性をもっていると思います。

◉大人による帝国主義

話をもとにもどしますと、他国を支配することと、大人が子どもたちに対して権威をかざし、従わせようとすることとは、驚くほど類似《るいじ》しているんじゃないかと思うんです。着るもの、学ぶ知識、学校の登校と下校時間、そして学校や家庭生活のすみずみにいたるまで、子どもに対して、いちいち決めごとをたくさんつくっていますよね。それにおとなしく従って、大人の目論見《もくろみ》から外《はず》れない限りは、すべてがうまくはこび、問題は起こらず、子どもたちも大きな障害に遭わず、なんなく生活をすごせるらしいです。従順に服している限りは、大人にとって子どもたちは、危険な存在ではなく、あまりきつく罰を加える必要はないのです。ようするに、主導権《しゅどうけん》が大人にある限りは、子どもたちに対して笑っていられるのです。でも、レールの敷《し》かれた生き方に対して不満を持ち、反旗《はんき》を翻《ひるがえ》すようなことになれば、大人にとって、子どもたちは、たちまち、極めて危険な存在になります。人生をどう生きるべきかについてお節介《せっかい》な命令を下されることと、命令された生き方を何世代にもわたって強いられること、子どもたちはこの両方に闘いを挑むのです。

第二次世界大戦において、フランスを統治《とうち》下においたドイツは、植民地時代の近代以来、支配する者として次のような認識をもっていたのではないでしょうか。

「我々はここに統治を行ない、あらゆる代償《だいしょう》を払ってでも、秩序を保つ義務がある。圧制《あっせい》をもって支配することは仕方のないことである。つまり、日常生活の歯車を規則正しく動かしたり、政府の機能を円滑《えんかつ》に作動させるためなら、やむをえないことであるばかりか、むしろ認められるべきやり方である。我々は、成し遂《と》げるべき任務を、ためらいによって怠《おこた》るようなことがあってはならない。我々の政策を拒否する者は、良き秩序を壊《こわ》しカオスへと導《みちび》く、盗賊《とうぞく》、ならず者である。こういった者は打ちのめさねばならない。」

教育においても同じ立場をとることは容易なことです。もちろん、ナチスの使ったような言葉を、そっくりそのまま、学校文化における問題児に対して使わないでしょうが。けれども、一度ばかりか何度も、生徒は敵であると言った教師のことを覚えています。生徒の反抗的な振るまいに対して、教師が残忍な態度で対応するということは、教師という仮面の下に、占領下の兵士とさほど変わらない意識を持っていることを、示しているんじゃないでしょうか。

この共通性は、同じ構造から派生しております。つまり、教師にとって、子どもたちは、敵なのです。誇張した言い方だとお感じになられるとしたら、たとえば、学校で学ぶ子どもたちに共通して見られる振るまいに注意してみてください。その態度が、慈悲《じひ》深い教育者に対する熱心な学習者の振るまいなのか、それとも支配された抑圧の民《たみ》の振るまいなのか、そのどちらかを見つけることができると思います。

◉最初の災難《さいなん》

真実を述べることは、最初の災難です。私の教師生活を通じて、学校ほど、子どもたちが大人に対して真実を述べることが、これほど危険で不条理《ふじょうり》になってしまう空間はないんじゃないかと、感じてきました。子どもたちは嘘をつくことを覚えますが、これは子どもたちが、大人たちから身を守るための、唯一安全な方法だからです。最悪のことは、大人たちが、子どもたちが嘘をつくのはあたりまえだと思っており、子どもたちの言うことを、全く信用しないということです。ですから、子どもの言い分を受け入れる大人は、とてつもなく馬鹿か、ひどく無邪気であるとみなされてしまいます。私自身は、子どもたちはほんらい正直で、子どもたちの言うことを、信用してきたつもりなのですが、それでも、「ほんとうは、私たちの言うことなんか、信じていないんでしょう。先生に打ち明けた私が馬鹿だったわ」と、子どもたちが囁《ささや》いているのを、しばしば耳にしました。このようにして、子どもたちは、正直に真実を語るという、基本的な人間関係における信頼を、日々、失っていくのです。

◉敵か味方か

子どもたちが学校において学ぶことが、教育の目的とされております。教育とは、慈悲《じひ》深い営みで、子どもたちも大人たちも、両方が協力しあうものと考えられております。しかし現実は、多くの学校で全く別のことが起こっているのです。教師たちと生徒たちのあいだで、お互いの集団の団結を守るために、まるで戦争が繰り広げられているかのようです。生徒たちは同志の結束《けっそく》をかためるために教師から身を守り、教師たちは生徒たちに対する自己の正当《せいとう》性を振りかざします。沈黙の破るべからざる掟《おきて》であるオメルタ★2は、マフィオシが法律と秩序に対抗してみずからを守り、また、枷《かせ》につながれ抑圧された国民が一体となって沈黙にふくすという機能をはたしてきましたが、学校においても、この機能が再現されているのです。生徒たちは、たとえ教師にいじめられても、他の生徒が物を盗《と》っても、裏切り者として非難されるので、ひたすら沈黙を保つのです。同様に、授業の進行を妨《さまた》げる生徒たちをとがめる他の生徒もいません。義務教育は、このような態度を、学校制度が設立して以来、生徒たちにみずからの手によって植えつけさせてきたのです。学校とは、校長や教員たちによって、無数の規則の森のなか、紙のうえで運営されているものなのです。

◉抑圧された者の文化

近年、この知られざる悪しき状態は、弱まるどころか、ますます強くなっているのではないでしょうか。私と同世代の知りあいのほとんどは、若者をひきつけて離さないファッションやポップ音楽に対して、絶望感を持っているようなのです。でも、考えてみてください。私たちが若かった時代、もし、今の若者たちと同じ生活環境で、お金がそこそこあったら、やはり、めまぐるしく変化する服装の流行を追いかけたり、売り上げ枚数のトップテンに入ったレコードを購入したり、ようするに、現代の若者と同じように熱狂《ねっきょう》したことでしょう。ポップ文化に魅《み》せられている若者たちは、耳ざわりな音楽や、たえず変化するモードにひきつけられているだけでなく、むしろ大人によって代表されているものに、反抗しているんじゃないかと推測するのです。

しかし、若者のポップ・カルチャーは、被《ひ》抑圧者集団に属している構成員に、強烈な一体感を与えますが、その一方で、この文化に傾倒《けいとう》しない子どもたちが、服装の流行や変化についていけなければ、学校のなかで、裏切り者として攻撃されることもあります。何の特徴もない、どう見てもブランド料だけのTシャツのために、なぜ五〇ポンドもあくせく、おこづかいをため込むのか、生徒のひとりに訊《き》いたことがあります。私は、ぼったくられたに違いないと思ったのですが、別の生徒がそのわけを話してくれました。「でも、校庭でなぐられるよりましだよ」と。

◉なぜ見えないのか?

大人社会が、現在の深刻な状況を、なぜ認識していないのか、認識しようとしないのか、とまどいを感じております。若者が、たとえ部分的であっても、年配者が依拠《いきょ》する強固な伝統文化に反発するのは、当然のことだと思います。また、若者に人気のあるポップ音楽やファッションが、大人になるための安全地帯の役割を果たしているようにも思えます。けれども、

★2 オメルタはイタリアのシシリー島に伝わる犯罪隠蔽と警察への非協力の風習のこと。マフィアの一員をマフィオンと呼び、マフィオシはその複数形。マフィアは、もとはシシリー島の法律と秩序に対する反社会的組織であった。

その反面で、若者文化が、自分たちの仲間（お互いに思いやったり助けたりする大切な人）と裏切り者とを区別するために、バッジや制服を用いるとしたら、また違った新しい危険な傾向を帯《お》びてくるでしょう。

もし、私が思うように、見せかけの若者文化がはびこっている原因が、学校教育にあるとすれば、学校としても、どうして子どもたちが簡単に若者文化を吸収するのか、また、なぜ子どもたちをしっかりつかまえて離さないのかを、私たち教師自身の問題として、考えなければならないと思うんです。

しかし、政府のやることはといえば、結局、毎年何百万ポンドも投じて、国民文化にとって一番よいとされるものを、強要しようとするだけなのです。そのお金は、次世代に伝えるべきとされた知識を教える教師の給料として使われ、そして、何が教えられ、何が教えれるべきでないかということが、こと細かく上から決められるのです。このやり方を徹底させれば、より多くの子どもたちが、「良質」な文学を読み、「健全」な音楽を聴くようになり、「正しい」文法に基づいた英語の文章を書いたり、高等数学の奥深さを楽しむことができるようになるという触れ込みなのです。しかし、子どもたちが学校を離れるときには、その大半は、学校で学んだことを強く拒絶し、華《はな》やかなディスコやファッションを追い求めるようになるのです。このような学校教育のもたらす「失態《しったい》」は、ロイヤル・コミッション★3による罰則が課《か》せられるべきなのかもしれませんね。

私の体験から見ると、権力が描こうとする将来像に対する一部の子どもたちの嫌悪《けんお》感が非常に強いので、怒りがつのり、学校生活におけるもっと良識《りょうしき》的な側面さえも歪めてしまうのではないでしょうか。

◉教室はB先生の軍基地

何年も前、私は、戦争から戻ってきた将校が経営する学校に勤めたことがありました。彼は学校を、軍隊の一部というふうに考えておりました。そして、教師に、カターリックかオルダーショット★4の軍基地における下士官として、生徒を統括《とうかつ》することを、当然のこととして期待しました。校長のお気にいり教師の一人、B先生は、「昔ながらの教授法」に固執《こしゅう》していました。校長は教員会議でよく、「教師の皆さんはB先生の規律をもっと見習《みなら》ってほしい」と、いつもながらの生徒の振るまいが議題にあがったとき、鼻息《はないき》まじりで檄《げき》を飛ばしていました。私は、

★3　王立委員会。イギリス王室によって任命された諮問委員会であり、行政上の問題について調査・勧告する。
★4　イギリスの主要な軍事基地。カターリックはイングランド北部にあり、オルダーショットは南部（ロンドンの南西）にある。

あの時、もし勇気があったら、B先生の規律に対して、自分の意見を言いたかったと、悔《く》やんでおります。というのは、彼女のなかに、異なった側面を見たからなのです。

ある日、私は廊下を歩いていて、B先生の教室の前を通り過ぎようとしました。すると「シュート先生、お話があるんですけれど」と、彼女に呼び止められました。私は立ちどまったのですが、彼女は子どもたちを牽制《けんせい》しながら、教室からさっと出てきました。そして、彼女の姿が見えなくなると、野性のわめき声がワーと起こりました。私は、このように突如《とつじょ》とした集中的で爆発的な叫びが炸裂《さくれつ》するのを、めったに聞いたことがありませんでした。私は決して自分が言いたいことを弁護するために、話を誇張《こちょう》しているのではありません。言葉を選び、この状況をできるかぎり忠実に表現しているつもりです。教室全員の生徒が声を出していました。生徒たちはみんな怒《いか》りに満ち満ちていました。B先生は、生徒たちを静止させるため、あわてて教室に戻りましたが、また教室から出るや否や、さらに大きなうなり声となりました。B先生はついに私に話をするのをあきらめ、生徒たちを静めることにやっきになっていました。

B先生の規律《きりつ》は、私にとってもやっかいなものでした。私は毎週一回、フランス語のクラスを受けもっていましたが、生徒たちは、さわやかで賢い子どもたちばかりでした。最初の授業の四回は、他の伝統的な学校でもみられるように、和《なご》やかなものでしたが、五回目以降は、まるで変わってしまいました。金曜日ごとにくる生徒たちは、頭に血がのぼっていて、おとなしくするよう宥《なだ》めることに、授業の半分が費《つい》やされました。なぜこうなったのか、その理由を必死に考えました。他の四回の授業ではうまくいっていたけれども、比較的自由な教授法を用いたことが災《わざわ》いしたのかとも考えました。しかしもっと別の原因があるのではないかと考えました。そこで、私の授業の前に生徒たちがどういうことをしたかということと関連があるのではないか、という推測《すいそく》をしてみました。時間割りを見ると、B先生の授業で、四〇分もの間、彼女の監視下にあったことを知り、子どもたちの荒《あ》れ方を納得しました。

もし、仮りに、B先生に対して、この問題を解決するために話しあう勇気が、私にあったとしても、彼女は、規律に基づく自分のやり方が正しく、この方法を緩《ゆる》めるのではなく、むしろ強化すべきだと主張したでしょう。私は、彼女が生徒たちの、自発《じはつ》性、活気、若者の自然な力をたえず押さえつけようとするやり方を、教育だとは思いたくありませんでした。また、B先生の生徒たちに見られる怒りや不満が、奴隷や被《ひ》支配者に見られるものと同質の抵抗で、規律による押さえつけは、教育にとってよい結果を生みだすことはありえないと感じました。

もし、国民生活の基本に人道《じんどう》主義を取り入れるのであれば、私たちは、子どもたちの怒りを真っ向から受けとめ、そして、その怒りの原因となっているものを取りのぞくべきでしょう。

私たちが理想的だと考える教育をしたことで、子どもたちが傷ついたのであれば、その痛みは、大人たちが、戦争、病気、災害によって苦しむことと、根本的にはさほど違わないのではないでしょうか。

7章 アリス・ミラーと子どもにおける精神障害

おおかたの教師だけでなく、実際には、大人のほとんどがもっている古い子ども観を、正直に言って、私も、唯一正しいものとして、これまで受けいれてまいりました。しかし、これは、明らかに、弊害《へいがい》をもたらすものであり、今では、間違っていると考えております。従来の子ども観は、確かに子どもたちを怒らせ、またひとりの親しい人間として対話をする関係をさまたげてきました。けれども、このように考えながらも、目の前にいる子どもたちの態度は、あいかわらず「思いつきのまま」であり、ともすれば、「問題児」に対処していくことしか解決策

がないのでは、などと思いつめたりしました。なぜ子どもたちが、そういう振るまいをするのか、分からないまま、時をすごしてしまいました。また、学校よりも、社会における子ども観のほうが、ずっとリベラルであり、子どもたちに対する考え方を変えて、もっと柔軟《じゅうなん》で寛容《かんよう》な考え方へと、意識変革することを願う声もありました。

このように考えていたとき、ちょうど、アリス・ミラー★1の著作に出会いました。ミラー博士はドイツ語を使う児童精神分析医で、彼女の著作を通じて、子どもに対する私の狭いものの見方に、一条の光を得ることができました。私は『魂の殺人★2』を読み、今までの考え方を一八〇度、転換することになりました。

ミラー博士の書物が主題とするのは、彼女が言う「毒《どく》された教育学」、つまり、親が伝統的な躾《しつけ》を子どもに押しつけるとき、反応として子どもにあらわれる感情を隠すよう強要するという、制度的かつ一般的に広く行なわれている慣習《かんしゅう》を、取りあげています。博士は、子どもたちをきちっと育てるには、産まれた直後から、感情的にも親の思うままに躾《しつけ》ることに、全神経を集中しなければならないという育児観《いくじ》を、ドイツの育児書から多くの例を引用して分析・批判しております。これはかなり根強い育児観で、良き親となるための、いわゆる「良識的《りょうしき》」な育児書によって、家庭で絶大な影響力をもってきました。

◉親による「魂《たましい》の殺人」

アリス・ミラーは、若くして幼児を殺害したユルゲン・バーチの行動が、少年期における虐待《ぎゃくたい》の結果として、恐ろしい末路《まつろ》に導いたことを紹介しています。バーチは、愛情のかけらもない親によって打《ぶ》たれ、ひどく虐待されました。また、あのアドルフ・ヒトラーも、幼年期に親からたびたび打たれ、犬のように口笛で呼びよせられていたそうです。ミラー博士は、バーチとヒトラーの幼児期の苦しみが、後の人生において殺人行為につながっていくと、この二つの例

★1　アリス・ミラー（一九二三年〜）ポーランド生まれ。一九四六年、スイスに移住し、はじめ哲学と社会学を学び、後に心理学を学んだ。学位取得後、精神分析家としての訓練を受け、一九七九年までほぼ二〇年間にわたってスイスで精神分析家として治療、および教育にたずさわった。フロイト流のいわゆる正当な精神分析理論に対しては、かなり批判的な立場をとっている。一九八〇年以降、文筆活動に専念し、幼児期研究の成果を発表。一九八八年、精神分析の理論と実践が子どもの虐待という重大な現象を見えなくさせているとして、国際精神分析協会から脱退。『追放された知』 Alice Miller, *Banished Knowledge*, Anchor Books, New York, 1991（未邦訳）にその間の経緯が述べられている。邦訳書に『子ども時代の扉をひらく』、『才能ある子のドラマ』、『沈黙の壁を打ち砕く』、『禁じられた知』 いずれも新曜社、『「子ども」の絵』、現代企画室、など。『現代外国人名録二〇〇〇』、日外アソシエーツ、二〇〇〇年、一二四五頁を参照。

★2　『魂の殺人』の原題　Alice Miller, *Am Anfang war Erziehung*, Suhrkamp, Frankfurt am Main, 1980（邦訳『魂の殺人——親は子どもに何をしたか』、山下公子訳、新曜社、一九八三年）。

を取りあげて明確に分析しております。彼女によると、従来の精神分析学で、暴力の病理《びょうり》性をまともに考察の対象としなかったのは、フロイト★3自身が考えたように、暴力への衝動《しょうどう》は抑圧《よくあつ》された欲望《よくぼう》の結果として生じると、推測されてきたからなのです。

従来の暴力観は、このような衝動は、個人の内面から湧《わ》き出てくるもので、生まれつきの精神構造によるものとされてきました。このような考えに基づいた精神分析医は、個人が欲望を適切に処理できないことによって、暴力の問題が生じるのだと、説明してきました。

ミラー博士は、このような欲望理論を否定します。というのは、彼女自身、幼児期に精神的に虐待《ぎゃくたい》されたことがあり、彼女のことを理解してくれ芸術を用いた精神療法《りょうほう》をする精神科医によって助けられたからなのです。彼女は、幼児期の体験をすべて忘れてしまっていたのですが、その体験を再び思いおこすように導かれて、はじめて、人間の行動の原点がどのように形づくられるのか、患者との関係に対する彼女の見方がいかに形成されたのかが、分かったということです。彼女の結論は、欲望理論とは、理論を苦心して作りあげた分析医が、自分たちの体験を直視《ちょくし》することなく、単に煙幕《えんまく》の裏に隠れるためにこしらえたものにすぎない、ということです。

良くても悪くても親は親

フロイトの親に対する認識は、今日の親に対する一般的な見方と一致しています。フロイトは、幼年期《ようねん》においてどうして自分の親が破壊的で、暴力的な行為にかられたかということを、彼なりに理解しようと試みております。彼は、多分にもれず、厳格《げんかく》で愛情の薄い親に対し、孤独と精神的重圧《じゅうあつ》を感じていました。しかし、フロイトの親自身のとった行為が、そのまた親のせいであるとは、認めようとはしませんでした。フロイトは、同時代のおおかたの人びとと同様に、親が子どもをどのように扱おうとも、あくまで、両親を尊敬する人物として、受けとめなければいけないと思っていました。

子どもの言い分は聞くものでない

一見すると、虐待に対する子どもの反応が、反抗的になったり、チャンスがあれば殴《なぐ》り返し

★3　ジークムント・フロイト（一八五六〜一九三九年）ウィーン生まれの精神分析の創始者。心の深層にある無意識が、人間の思考や行動を大きく左右していることを主張。「抑圧」とは、意識にとって受け入れがたい体験や記憶などを、無意識の領域に閉じ込めてしまおうとする心理的なはたらきであり、そのはたらき自体、無意識のうちに行なわれる。つまり、意識することが苦痛なことは忘れようとする無意識的なはたらきのことである。『哲学・思想事典』、岩波書店、一九九八年、徳永恂 筆、一六三七頁を参照。

たりするということも、可能性としてはあるように思えます。しかし、実際は、子どもたちが、幼《おさな》すぎること、身体的に発達していないこと、社会的地位にハンディキャップを背負っていること、こういった理由から、真の気持ちを有効に表現できないのだと、ミラー博士は理解しております。自分の親が殴ったり、躾《しつけ》ようとして力づくで押さえこもうとすれば、泣いたり癇癪《かんしゃく》をおこしたりするかもしれません。けれども、もし、そのような反応をあらわせば、一般的には、より厳しい体罰が課《か》せられることになるのです。こうして、子どもたちは、自然と、我慢《がまん》したり自棄《じき》になることが、いちばん安全だということを、身をもって体験するわけです。

つまり、子どもたちは、自由に感情をあらわすことを、押さえつけられるのです。非常に幼《おさな》いときから、子どもたちは、自分の中のどんな感情であれ、この世では、まともに認められないということを知るのです。常に、自分自身を抑圧《よくあつ》し、心を閉《と》ざし、両親の目障《めざわ》りにならないようにしなければならないのです。そして遅かれ早かれ、子どもたちは、自分自身の存在を忘れるように努め、人生のどの局面においても、どんな苦痛をともなおうとも、怒りをあらわす権利は自分にはないという確信をもってしまい、両親と妥協できるように順応《じゅんのう》していくのです。

◉精神分析医はまず自己を知れ

ミラー博士の考えに出会ったことは、火山が噴火するような大きな衝撃でした。彼女によると、従来の精神分析医の手法だけでは、子どもたちは決して癒《いや》されないのです。というのは、分析医自身が幼年期に受けた虐待《ぎゃくたい》による苦しみに対して、苦痛と憤《いきどお》りを煮《に》えたぎらせながらも、それを表現することができないまま、みずから覆《おお》い隠してきたために、患者の苦しみの根源をたとえ見つけようとしても、無意識のうちに、道を一本、間違えてしまうからなのです。分析医は、往々にして、患者が受けた幼年期の厳しい躾《しつけ》だけでなく、あたたかさ、愛情、理解、親に対する尊敬を欲していた場面を、思い起こすことさえ、引き出そうとしてこなかったのです。

◉第十一戒「汝《なんじ》、忘れるべし」

このような洞察《どうさつ》を重ねていくなかで、ミラー博士は、多くの分析医たちが「集団健忘症《けんぼう》」にかかっていることに気づきました。また、彼女は、マスコミ界も同じ傾向にあることを知りました。彼女は、この新たな視点から論文を書いたのですが、出版を拒否されたり、たとえ出版されても、いちじるしく編集されてしまい、本来の論文の主旨《しゅし》からかけ離れたものになりました。

彼女の業績について、テレビ番組も企画されましたが、背景に使われた音楽に邪魔《じゃま》されたり、また細切《こまぎ》れに紹介されたりして、大きなインパクトを与えるまでにはいたりませんでした。ミラー博士は、たとえ、親がいかに厳《きび》しく扱っても、子どもたちの感情に反するものであっても、子どもには苦悩《くのう》は生じないという、世間一般の常識を覆《くつがえ》すことに、かなり手こずったのです。

さらに明らかになったことは、ほとんどの大人たちは、子どもたちを、理性的に意思を伝えることのできない「小さな野蛮人《やばんじん》」とみなし、この「野蛮人」は、ちょっと目を離した隙《すき》に、親の保護を逸脱《いつだつ》してしまい、人生において価値あるすべてのことを台なしにしてしまうと、信じて疑っていないことです。親の子どもに対するこのような思いは、親自身が自分自身を否定しようとする苦しみから、引きおこされたものだったのです。何世代にもわたって虐待《ぎゃくたい》されつづけた子どもたちは、その苦しみをみずから忘れるようにし、そして、忘れるために、「立派《りっぱ》な厳《きび》しい規律《きりつ》」という形に、苦しみの記憶を変形させ、その結果、自分の子どもたちにも、自分の親がしたのと同じ行為を、当然のものとして繰り返していたのです。

◉永遠の道場《どうじょう》

学校教育におけるファシズムの兆候《ちょうこう》、このことを主題とする本書に、ミラー博士の名前がなぜ登場するのか、私にははっきりとした理由があります。というのは、彼女が考えていることが、明確にまた大胆に、なぜ現在の学校は不毛《ふもう》の地なのかということを、うまく説明してくれるからです。

まさに学校は、教師と親たちが、かつて自分たちが幼《おさな》かったころに、自分たちの教師や親かしていまたちの生徒の身体と心に、再び課《か》する道場《どうじょう》のようなものを提供しているのです。

◉避けられない事実

これからお話しすることは、心穏《おだ》やかなことではないし、また、すんなりと分かっていただけないかもしれません。教師は、もちろん、子どもたちと接するときは、思慮深く、専門家として熟考《じゅっこう》しながら、どうやったら効果的な教育を達成することができるか、真剣に考えております。親もまた、「良い親」として必死に頑張ろうとしております。私がいままで述べたように、「良い親」とは、通常は子どもたちの抵抗や無礼《ぶれい》を許さない親なのです。このような考え方には、皆さんの大部分は、強い反感をお持ちになるかもしれませんね。けれども、その反感は、自分の育った幼年期が厳《きび》しければ厳しいほど、苦しみの記憶を、精神的な地下の独房《どくぼう》の中に、いっそう隠《かく》してしまうのです。

ひょっとして、感情を害されたかもしれません。でも、私は謝《あやま》るつもりはありません（もちろん、不快な気分になるとかならないとかには、個人差がありますが）。むしろ、ずっと幼年《ようねん》期の体験を避《さ》けつづけることによって、真実に直面することのできないことが、いちばん残念なことだと思います。子どもへの虐待《ぎゃくたい》は、西洋の社会では決して稀《まれ》なことではなく、むしろ日常的な出来事です。しかも、何世代にもわたって、子どもたちが共通に体験してきたことでもあります。子どもたちがやがて大人になり、そして自分たちの子どもを育てるとき、幼いころの隠された苦しみを、子どもを親の統制《とうせい》下に置くことが必要だという確信に、変容《へんよう》させてしまうのです。

このように、自分たちが支配されていたという怒りと、まともに対峙《たいじ》することが、ずっとできないでいるのです。その代わり、抑圧の程度によって覆《おお》い隠す機能が働いて、苦しみと怒りを、みずから忘れようとしているのです。自分の親がひどい仕打ちをしたという事実を、認めようとすることができず、あたかも唯一この方法しかないと自己正当化《せいとうか》するために、自分たちが最善《さいぜん》の方法だと思いこんでいる残酷《ざんこく》なやり方を、自分たちの子どもにも繰り返してしまうのです。

◉訓練か虐待か

リベラルな考えをもつ人でさえも、大人には子どもを虐待《ぎゃくたい》する傾向があるということを、認めたくないでしょうね。身体への暴力や性的暴力は悪いことだと認知されるようになりました。でも大人はあいかわらず、自分の子どもを思うがままに育てるためには何をしてもいいのだと、思いこんでいるんじゃないでしょうか。子どもたちが主体性《しゅたいせい》をもっているかもしれないという、大人にとっては恐ろしく、混乱させる考え方を無視しながら、子どもはどんな子どもであっても「悪《あく》たれ」であり、子どもたちを罰する権利があるのだと、私たちの文化は、私たち一人ひとりに思い込ませているのではないでしょうか。

親は、子どもたちの心の内面で何が起こっているのかを完全に掌握《しょうあく》していると、思い込んでおります。そして、そのように思い込ませている現実を、私たち一人ひとりが許してしまっているのです。ですから、子どもたちがたとえ意図的に悪いことをしていなくても、大人たちが、子どもたちを諌《いさ》めたり、罰したりすることに、なんら咎《とが》めだてはないのです。でも、子どもたちが犯す「過《あやま》ち」とは、大人たちが子どもたちをねじ伏せる社会の中の偏見《へんけん》ゆえに、そう見なされているもののことなのです。

◉変革のとき

もし、私たちが、もっと民主的な生活を期待し、一人ひとりの意識を変えたいと願うのでしたら、私からの一つ大事な提案があります。それは、苦しみと怒りに満ちた子どもたちから始まって、次世代の子どもたちに暴力を向ける大人たちへとつながるサイクルを、断《た》ち切らなければならないということです。そして、今日の、若い世代の大人が中心となって、その責任を担《にな》えば、きっと、断ち切ることができるのではないでしょうか。

8章 教育の現状を打破するために

◉学校は子どもたちのもの

学校教育の現状に対して、何がなされるべきかを議論するとき、まずは緊急に、そして断固《だんこ》として、脅迫《きょうはく》教育（義務教育）を粉砕《ふんさい》するための、反対運動を起こさなければなりません。あいかわらず、政府は、学校は親たちに対するサービスなのだと決めつけております。しかし、これは大きな間違いです。学校は、本来的に、子どもたちに対してサービスをする施設でなければなりません。このことは、私がいままでお話してきたことから、ご理解をいただけるのではないでしょうか。

もし、子どもたちが、補導《ほどう》員の手によって、無理やり学校につれてこられるようでしたら、明らかに、学校は、この子どもたちを落ちこぼれとして見ています。長期欠席の子どもたちを、不登校（実は、英語の不登校児童 truant の原義《げんぎ》は、中世フランスの盗賊《とうぞく》のことを意味していま す）というレッテルで呼ぶ前に、学校側は、なぜ顧客《こきゃく》（クライアント）が、学校で与えるものを拒否しなければならないのか、胸に手をあてて考えなければなりません。もし、学校当局がこのような問いかけをみずからに向けなければ、利用者の要望《ようぼう》を聞き入れることができないままになり、うまく運営できない他の公共機関と同じ運命をたどることでしょう。たとえば、もし病院が、患者を十二分に治療することができなければ、その病院は評判を落とし、いずれ閉鎖《へいさ》に追い込まれ、そして最終的なつけは、職員自身にまわってくるでしょうね。学校にも同じことが言えると思うんです。もし、学校が、子どもたちを、幸せな気分にさせ、好奇心を満たし、生き生きとさせることができないのであれば、学校は閉鎖《へいさ》されるべきでしょうし、教師は職能《しょくのう》をいかす別の職業（たとえば監獄《かんごく》経営）に就《つ》くほうがいいんじゃないでしょうか。

子どもたちが、学校に行きたいのか行きたくないのかを、自由に選択することができるようになれば、次にすることは、子どもたちの欲求を満たすことを妨《さまた》げている、種々の場当《ばあ》たり的な足枷《あしかせ》を、取りのぞくことに努めなければなりません。その足枷の一つは、ナショナル・カリキュラムであり、あらかじめパックされた複数《ふくすう》の同じ科目を、執拗《しつよう》なまでに全ての子どもたちに押しつけています。ですので、子どもたちが何を学びたいのかという声をとり入れて、いくつかの参考となる教材をそろえることから始めなければなりません。

もちろん、こういった新しい取り組みは、あくまで、子どもたちの声が反映されなければ、できないことなのです。ですから、学校は、生徒たち、そして、施設を共有する有給無給《ゆうきゅうむきゅう》の教師、ボランティア、用務員、給食係、各分野の専門家からなるゲスト等など、こういったさまざまな人びとによって運営されるべきなのです。大人だけによって運営される学校は、子どもたちを強制的に教える所でしかありません。子どもたちがぜんぜん望んでおらず、卒業しても日常生活にまったく役立たない、そんな退屈《たいくつ》なものを叩《たた》きこんだところで、意味があることだとはとうてい思えません。

医者が子どもを治療《ちりょう》しようとして逆に怪我《けが》をさせたり、建築家が煉瓦《れんが》の代わりに泥で家を建てたりすることは、信じられないことでしょう。精神形成にどのような影響を与えようともまるで関係ないかのように、子どもたちの望まない教育を強要することに、学校が固執《こしゅう》していること自体、驚きです。学校とは、気のむくままに行きたいと思い、そこで学ぶことを心から楽しめ、また、新しい体験や人と出会うことを喜ぶという、そういう開かれた自然な場所として機能しなければいけないんじゃないでしょうか。いったん登校すれば、自分たちの欲するようにしてくれ、人を傷つけなければ何をしてもよいと許してくれる、そういう理解のある人びとが、子どもたちを迎《むか》えてくれる所として、学校があるべきだと思うんです。いわば、学校には、静かにできる所と思いっきりわめくことができる空間が必要なのです。

子どもたちの学習において、どれだけ時間がかかるかは、子どもたち独自の判断で決めさせるべきでしょう。やりはじめたことは、時間内に完了しなければならないという決まりは、なるほど大人の立派《りっぱ》な考え方ではありますが、与えられた仕事をなしとげることによって報酬《ほうしゅう》をもらうことを前提にした、工場や企業の考え方にすぎません。もし、子どもたちに、時間内に与えられた課題をなしとげさせたければ、それ相当の報酬を用意しなければならないでしょうね。

子どもたちは、課題に対して興味をいだき、やることの意味をみつけたときには、最後までやりとげるものです。子どもたちの興味をそっちのけで、退屈な練習問題を、なんとしてでもやりとげるように強要することは、まったく馬鹿げていることです。子どもたちを退屈な課題に没頭《ぼっとう》させるように強制するには、やりとげたときに、なんらかの形の報酬を与えるのが得策《とくさく》なのかもしれませんね。ですから、私の提言は、ドン・キホーテの見果てぬ夢のようなものであるのかもしれませんが、夢のなかにもいくらかの真実があるのではないでしょうか。

◉ 真実が教えられるところ

これからの学校——私はそれを「ほんとうに役に立つ学校」と呼びます——は、年齢にかかわらず安心して言いたいことが言えるような全校集会が設置されなければなりません。もちろん同時に、言いたいことを言うことによって、他人の気持ちを傷つけるかもしれないということを、子どもたちは察知《さっち》しなければなりません。いざ、学校を構成する教師や生徒たちに、いざこざが起こった場合には、納得のいく解決法を備《そな》えていなければなりませんし、それには、教師と生徒が同等のレベルで、各々の立場を尊重《そんちょう》しあわなければなりません。

◉校長はいらない

校長とは、学校を管理しやすいようにするにはどうしたらよいのか、いつも気になってしかたのない存在でして、おのずから教員の言い分がそのまま通るような、ゆるやかなファシスト体制を敷《し》いております。ですから、実際、校長はいてもいなくても同じことで、いずれにせよ校長の役割は変則《へんそく》的なものなのです。校長は決められた路線《ろせん》を守り、ときには必要であれば、路線をはずれた意見や提案を弾圧《だんあつ》しながら、学校という巨大で複雑な組織を巧妙《こうみょう》に運営することによって、昇進《しょうしん》していくのです。「ほんとうに役に立つ学校」では、挑発《ちょうはつ》的な質疑《しつぎ》や予期せぬ行為は、日常茶飯事《さはんじ》なのです。そして、もし校長に代わる者が必要ならば、彼または彼女は、従来の保守的な考え方に対して、批判的な立場をとる者でなければなりません。教師と生徒が、「自由」の問題に関して、伝統的で短絡《たんらく》的な古くさい解決法にこだわっているとすれば、それに立ち向かう人でなければなりません。また、「ブルーブック」の第五巻めにまだ進んでいないとか、宿題を与えていないのだけれども、だいじょうぶだろうか、などと教師が心配しだしたら、それは間違いだと言う勇気を持ちあわせていなくてはならないでしょう。

学校というコミュニティーが、私が描いたように動きだせば、従来の学校において校長が果たしてきた役割を、コミュニティー自体が担《にな》うことができます。もし、生徒たちの立ち振るまいが、全校集会で逐一《ちくいち》報告されるようなことになれば、生徒たちは、権力に対抗する戦略《せんりゃく》としての規則やぶりを、自分自身の問題として考え始めるでしょう。一挙手一投足《いっきょしゅいっとうそく》が恐ろしいカリスマ性をおびた人物に依存《いそん》するのではなく、「ほんとうに役に立つ学校」では、コミュニティー自体が最高の権力を持つのです。規則に従うのは、メンバーが規則を制定《せいてい》するプロセスに参加するからです。ある局面では、みずからが作った規則に拘束《こうそく》されるということは、どういうことなのかを、生徒や親たちは学ぶでしょう。学校というコミュニティーでは、従来の校長のように、特別な権威を示すために、校長室の周囲に垣根《かきね》をはりめぐらす必要はありません。このようなコミュニティーでは、たえずメンバーの意見を聞きあい、また一人ひとりが自分の意見を発言することによって、メンバー同士がお互いの腹《はら》の探りあいをする必要がないので、効率《こうりつ》よく人びとのニーズに応《こた》えることができるでしょう。

命令する権限《けんげん》はだれの手にあるのか

学校とは、権力に対する批判精神を養《やし》うところでなければなりません。今日、子どもたちは、権力に従順《じゅうじゅん》であるように飼《か》いならされたり、または権力を単に軽蔑《けいべつ》して学校をみずから去っていったりしております。従順な国民は、デマゴーグと非情さとをほど良く混ぜあわせた政策を行なう指導者に、誘導《ゆうどう》されてしまうのです。また、反射的に何ごとにつけ賛同《さんどう》しない者は、理《り》にかなった権力と独断的な権力との区別ができません。その結果が、現在の状況なのです。つまり、簡単に操作できる民衆と、実権を持たないごく一部の分断《ぶんだん》化された抵抗者との、二者のどちらかでしかない状況なのです。

私たちが心から待ち望むのは、社会のメンバーの正当《せいとう》な利害を守る権力者と、権力そのものに固執《こしゅう》する権力者との違いを、見分けることのできる、まだ見ぬ若者の出現なのです。

課題を完了する必要はない

このような書物を書く者として自覚しなければならないのは、改革に手をつけないまま極度の自己満足に耽《ふけ》っている学校という体制に、異議を唱えているのだということです。どのような政治的色彩《しきさい》を持った政権であろうとも、政府は、子どもたちに対して寛容《かんよう》な教育政策を掲《かか》げたところで、少数の票しかかせげないことを熟知《じゅくち》しています。なにしろ、古風な教授法が常識をこえて賛同《さんどう》を得てきたのですから。綿密《めんみつ》に議論され、またその論点が、なるほどと思うものであっても、「反リベラル派」が専制《せんせい》的な立場を声高《こわだか》に主張するだけで、リベラルな論点は一蹴《いっしゅう》され、反対の立場の「反リベラル派」が勝利をおめることを、議会の傍聴《ぼうちょう》者は目撃することでしょう。

◉しかし課題をしなくてはいけない(『タルムード』[★1])

私たちの社会がもたらす悲劇とは、現在の社会が最も人道的で進歩的な可能性を秘《ひ》めているにもかかわらず、社会のメンバーの大半が、いわゆる常識的という、親たち自身が子どもの頃に受けたのと同じ教育を、自分たちの子どもにも、受けさせたいと望んでいることです。望ましい教育とは、子どもが生き生きと暮らすことができ、一人ひとりの能力が最大限に発揮《はっき》できるものでなければならないはずです。しかし、それとはまったく正反対の教育が、大人たちによって期待されています。このことについては、私たちのあいだで、もっと議論がなされ、詳しく調査され、深く考えなければならないと思います。

課題が与えられても、的《まと》を射《い》なかったり、過《あやま》ちを犯したり、あるいは、最後までできなくても良いのです。大事なのは、子ども自身をありのままに受け入れることであって、大人の期待する水準に子どもが達しなくても良いのです。また、期待する水準を強要したところで、どんな検査をしてみても、与えられた課題に対する子どもの心の動きは、計《はか》ることはできないのです。子どもたちが楽しんでいるのかそうでないのか、想像力や思考の明解さを調べてみても、一〇段階で計ることなどできないのです。このように考えていくと、子どもの自立心の問題にいきつきます。しかし、大人の世界は、特に、子どもが自立心を持つことを、本能的に最も恐れるのです。

しかし、子どもたち一人ひとりを一個の人間として尊《とうと》び、その上で、子どもたちを育て、心を開かせ、精神を解放させるよう、私たちは、現在の教育体制を変えていかなければなりません。何百万人もの子どもたちが、学校教育を受けた白人の教養高いヨーロッパ人によって殺されてきたがゆえに、また、この人類抹殺《まっさつ》の世紀を生きてきたがゆえに、そして、これから生まれてくる子どもたちへの愛情ゆえに、子どもたちの幸せを断じて守らなければならないし、その責務《せきむ》は私たちに託《たく》されているのです。学校教育を変える時が、いま、到来《とうらい》している。しかし、旅立ちへの第一歩は、いまだ、踏み出されていません。

★1　『タルムード』はユダヤ教の解説付き法典および伝説集。

第2部
学校から離れたもうひとつの教育

9章 教育を親の手に！

◉ 教育を親の手に！

子どもの教育にあたっては、親が重要な役割を担《にな》うべきです。比較的最近の時代までは、親は重要な役割を担ってきました。未開《みかい》社会においては、部族《ぶぞく》のならわしを息子に教えるのは父親の役目でありましたし、母親は娘にコミュニティーの中で生きるのに必要な知識を伝えていました。通過儀礼《つうかぎれい》のような苦痛をともなう試練《しれん》や、伝統的知識の伝授《でんじゅ》は、部族単位で行なわれてきました。要するに、子どもが成長して大人になるために、必要不可欠な技能や知識を実際に教えるのは、近代の教育家の言うところの、いわゆる「公式な訓練《くんれん》をまったく受けていない人びと」だったのです。

このような未開社会においては、親や親戚《しんせき》ではなく、なにがなんでも特別な教師によって子どもたちを教育しなければ、大人へと成長するのに支障《ししょう》が生じるといった実例は、恐らく存在しないと思います。もちろん、未開社会において伝えられる知識は、実践《じっせん》的で生存にかかわるものがほとんどです。だからといって、発展国においては、抽象的で書物から学ぶ知識ばかりに教育が偏《かた》っているがゆえに、自分たちの子どもを教育するのに、親はさしたる役割も担《にな》えないのだなどと、決めつけてしまっていいのでしょうか。

西洋では、学校または大学の外での、児童・生徒と大人とのあいだの接触に、「教育」という言葉を使わないのが世間一般の常識なのかもしれません。組織的で強制的な学校教育が実施《じっし》されて以来、今日まで一〇〇年以上にわたって、いわゆる文明国を自称《じしょう》するほとんどの国では、就学《しゅうがく》年齢に達するとすぐに、当然のように子どもたちを学校に行かせております。そして、子どもたちが初級学校や大学を出るまで、親たちは、自分の子どもたちに食事や衣服を与える以外、何のかかわりも持たないほうがよいと思いこまされ、また、学校当局の言うがままに従うことが正しいこととされてきました。親も子どもも、教育という営みのなかで従属者となり、教師に対しては批判なき協力者となってしまったのです。もしも、自分の子どもが授業についていけない場合は、親はどうしたらよいのでしょう？　その場合、親は学校側に委《ゆだ》ねるという選択肢《せんたくし》しか思いつきません。子どものなかにある、親が理解できないあらゆる側面を把握できるのは、教育の専門家である教師だけなのだから、子どもにとってなにが最善かは、教師に全面的に委ねるしかないと、学校当局は滔々《とうとう》と説得することでしょう。

けれども、実際の教育現場を少しでも見てみれば、このような教師像は、必ずしも現実のものでないことに気づくでしょう。私の限られた教師生活の中でも、「良い教師」と言われている人たちにたくさん出会ってきましたが、人間的に欠陥があることがしばしばありました。教室管理を重視するあまり、社会常識に欠けていたり、人権感覚のない教師が、けっこういたのです。もちろん、くどいようですが、私の教師生活のごく限られた経験の範囲内で、たまたまそういう教師と出くわしただけなのかもしれません。でも、ごく限られた経験であっても、子どもが本来もっているエネルギーを抑圧できる方法を見つけさえすれば、子どもの頭の構造を完全に把握できるという「専門家意識」の臭いが、それらの教師からぷんぷんと感じられました。大人の社会ではとうてい礼を失するような言葉で、生徒を統制《とうせい》しても咎《とが》められることなく、逆にそういった言葉を、生徒が教師に向かって投げ返しでもしたら、厳《きび》しく生徒を罰することが許されております。教師たちは、常に自分たちだけが、幼《おさな》い子どもたちの教育を正しく導くことができると、思いこんでいるのです。

もちろん、すべての教師が刺々《とげとげ》しく生徒たちに接しているわけでは、決してありません。でも、こうした許しがたい例にたくさん遭遇《そうぐう》し、またそういう教師にかぎって、えてして高い地位に昇りつめたのを見てきました。しかし他方で、生徒たちを尊重し元気づける教師たちにもまた、同じくらいたくさん出会ってきました。私が強制教育を批判するのは、学校で教える大人たちが、愛情をもって、しかも自制心に基づいて子どもと接するのではなく、あらゆる手段を使って、子どもたちがしたいと思っていることを即座に止めさせ、授業の流れに引き戻すといった、そういう接し方が称賛《しょうさん》されるという点にあります。実は私自身も教師時代には、こういった接し方が、良い教育の基本であると思っていたのです。今は現場から離れておりますが、教育に関心を持つ者として、このような強制教育を断じて認めることはできません。

ところが、学校に通う子どもたちを持つ父母は、こういった教師たちの強制教育を、容認《ようにん》しないという立場をとるわけにはいきません。というのは、子どもたちを自分たち親だけで教育する場合には、子どもたちとの関係に軋轢《あつれき》が生じると思っているからです。父母は社会が要求している方向が必ずしも父母の思う通りではなく、異なった方向に進んでいると思い込み、また、どういう意味あいがあるせよ、子どもたちにバランスのとれた教育を与えることに、自信をなくしてしまっているのです。けれども、私が家庭における教育を実践《じっせん》しはじめて、父母や子どもたちといっしょに教育活動を共にしたとき、子どもたちが現実社会に出て立派にやっていけるまでの間、子どもたちのペースに応じて、力強く、そして効率のよい自己発見ができるような、そのような教育機能を、父母でも十分に担《にな》いうることを知りました。

◉教育は一方的に教えるだけではない

すくなくとも西洋において、教育（education）は、知識を与えるといった「指導」（instruction）として捉《とら》えられてきました。英国人は「教育」と「指導」をしばしば同義語《どうぎ》として用います。私はこのことを非常に残念に思うのです。というのは、子どもというものは、教師が教室の中で教えてこそ成長し、人間として養育《よういく》されるのだという主張が、強い説得力を持ってしまっているからです。しかも、教育関係以外の人びとも、こういった考えに、すっかり納得させられてしまっているのです。

私には、数年前の出来事が鮮明《せんめい》に思い浮かびます。ある学校で休暇中のキャンプが計画されました。一週間にわたってスポーツを何種目か教わり、実際にプレーしてみるという取り組みが新聞記事で紹介されているのを読んで、同じようなキャンプを計画したのです。ところが、その地域の教育委員会――教師を指導するための公的機関――は、「授業に直接関係なし」という理由で、この計画に許可を与えませんでした。たぶん本やノートを使って授業していないということで、教育的意義《いぎ》を認めなかったのでしょう。また教育委員会の人たちは、子どもたちがキャンプに熱中するあまり、学校の授業のことを忘れてしまい、一週間ものあいだ、授業から完全に切り離されてしまうのではないかと妄想《もうそう》したのでしょう。たとえ教師が生徒たちと四六時中一緒《いっしょ》であったとしても、教室から離れていては「教育」はできないという理由から、許可しなかったのだと思います。

同じようなことは、イギリス全土の学校で見られます。大人たちは「真面目《まじめ》さ」を尊重します。でも、生徒たちは、やる気をおこす前にまず、「楽しさ」を大事にします。この「真面目さ」と「楽しさ」という二つの価値は、つねに衝突《しょうとつ》してきました。イギリスの中等教育においては、教師がストレートに楽しい時を生徒に与えることは、実行するのがとても困難な状況にあります。つまり、楽しいことは、教師の個性の副産物《ふくさんぶつ》として、授業中にたまたま生じることはありますが、生徒自身が心から楽しめることを実現するには、授業外においてか、教師がボランティアで何かを企画するしか方法はありません。イギリスの学校教育制度の中では、「楽しさ」そのものが目的となるような取り組みは、いっさい排除《はいじょ》されてしまうのです。でも、「楽しさ」は、子どもの生活において、とても重要で、活気に満ちたものなのです。

私は、学校で教えることから離れてから、「楽しさ」は、授業中にときおりおこる偶然の副産物では、決してないということに気づきました。「楽しさ」こそが、子どもたちの体や表情の全体に表われるのです。子どもたちが学ぶということは、学ぶこと自体が楽しく、興奮するということでなければなりません。もしそうでなければ、先生のお気にいりになるために、おべっかを使ったり、先生から馬鹿にされたり罰せられたりする恐れから、先生の言うことに、ただただ迎合《げいごう》するだけになってしまうのです。このような欺瞞《ぎまん》的な動機づけを奨励《しょうれい》すべきではありません。子どもたちの大半が、自分自身をも欺《あざむ》くような振るまいをしてしまうからです。

誤解なさらないでほしいのですが、家庭での教育が、恐怖に基づいた学習意欲から、必ずすべてを解放するわけでは決してありません。親によっては、学校と同じように時間割りを決め、授業計画を立てるなど、教育委員会による点検——家庭で行なわれている教育が適切であるかどうかを定期的に審査《しんさ》するのですが——、その点検を心配するあまり、学校で行なわれる教育と、ほぼ同じようなやり方に、教育内容を組み直してしまうことがよくあるのです。けれども、学校において慣《な》らされた恐怖に対する条件反射《はんしゃ》から、子どもたちがもしも解放されるなら、教育者でさえもなかなか実現できない稀《まれ》な例として、親たちは子どもたちの置かれている環境の中で、子どもの率直な欲求とうまく調和することができるでしょう。つまり、恐怖と苦しみをともなう骨折《ほねお》り損《ぞん》の「お勉強」ではなく、子どもたちにとって必要なことをみずから学び、統合《とうごう》した人格を形成するような、「楽しさ」に根ざした教育が可能となるでしょう。

◉なせばなる！

ここ数年間にわたって、学校に行ったことのない二人の子どもの親から、相談を受ける機会がありました。すこしばかり、この親のケースのことを、ここでお話ししておきましょう。

その子どもたちの母親自身もまた、不幸な学校体験を持っていて、自分の子どもたちに、自分と同じような体験をさせたくなかったようです。家庭で教育をする多くの親の例にもれず、この二児の母親は、教育計画を教育庁に届け出ることをしませんでした。この行為はある意味では法律違反で、イギリスの教育法には、学校教育を常時《じょうじ》継続して受けていない子どもがいれば、家庭においてどのような教育計画があるのかを、教育庁に報告する義務があるのです。もし、自分の子どもを学校に行かせたくないという母親の意思が表面化すれば、地方教育庁は、その母親は子どもに適切な教育を受けさせることを拒否していると、見なすことでしょう。そして、母親に対して、子どもを家庭で教育することを、決して許可しなかったでしょう。

幸いにも、この母親は義務教育期間の終わりまぎわまで、教育庁にばれずにすみました。そしてその結果は、彼女が危険を冒して行なったのに十分見合うだけの、非常に満足のいくものだったのです。

二人の子どもたちは、上の子はネーザン、そして下の子はアーロンと言います。二人とも、知識に欠けていたり社会的に不適応をおこしたりといったことは、まったくありませんでした。むしろ、この二人は、好感が持て、自信に満ちた若者で、他人への思いやりもあり、他の大人や若者に対しても自然な振るまいができる子どもたちでした。この子どもたちの性格は、健全な精神を持つ青少年に見られる活発さと好奇心を兼《か》ねそなえており、また、自分自身で勉強の目標を定めて、それに向かってコツコツ努力する意志力も持っておりました。この兄弟のいずれもが、学校教育を受けていないにもかかわらず、学校で教えられる社会的態度を身につけていたのです。

子どもたちの母親と私は、家庭での教育の連絡組織「エデュケーション・アザワイズ」[★1]を

★1　一九七七年にイギリスの親たちによる小さなグループによってつくられた組織で、学校とは別なものとして、家庭を基盤にした教育を実践している。また、家庭で教育を行ないたいと思う家族に対する援助や助言、情報を提供する自助組織として発展してきた。会員は一九九四年には二五〇〇の家族に達し、年ごとに増加している。組織運営はホーム・エデュケーションを実践している家族が中心になって、無報酬で行なわれている。各地域には、世話人のようなまとめ役を置き、地域の集まりを開いたり、お互いの親睦を深める機会をもち、経験や情報を共有している。イギリスにおいても、地方によっては、子どもたちを学校に行かせない親を教育当局が処罰するといったケースもあり、そういった家族に法的な解決策および色々な側面からの援助をすることも役目としている。エデュケーション・アザワイズの名称は、一九四四年教育法に書かれている「両親は「定期的に規則正しく学校に通うことによって、そうでなければ他の方法で（アザワイズ）」、自分の子どもの教育（エデュケーション）に責任をもたなければならない」という部分から取られている。皮肉にもこの法律上の「他の方法」とは、卿や公爵を含む貴族が、その子どもたちに家庭教師を雇って教育することを想定していたと考えられる。
（著者クリス・シュートの説明より）

通じて出会いました。私は学校の教師を定年退職したばかりだったのですが、コンピュータに興味を持つ上の子のネーザンとつき合うことになりました。私は情報工学の専門家ではありませんが、ベーシックの初級は一応マスターしており、できるかぎりのことをしようと思いました。

◉単に科目を教えるよりも、共に時を過ごすこと！

教えはじめてから、私は、情報工学の教師には向いていないことを、すぐに自覚しました。この少年はコンピュータに関する質問をつぎつぎとしましたが、私のしどろもどろの返答に根気強く付き合ってくれたものの、私は彼を十分に満足させることはできませんでした。私は他のことも教えようとしましたが、しばらくして分かったことは、彼に対してとくに何かをしたり働きかけたりするのではなく、ただ時を共に過ごし、彼の話をじっくり聞くことを大切にするようにしました。もし私がこの少年の学校の教師であれば、おそらく私の言うことを彼が理解してくれないことに対して、不快感を抱いたでしょう。また、彼自身も私に多くのことを期待しませんでした。ネーザンは情報工学の科目を学びましたが、特に難しい知識だとは思わなかったようです。どうやら私のとりこし苦労だったようです。どのような時にもネーザンと彼の弟は、私にべったり依存することはありませんでした。私は役にたったかもしれませんが、必要不可欠な存在ではなかったようです。彼ら自身が絶えず、自分の力で、自分の行く道を切り開いていきました。彼らはときおり私の知っている方法や知識を吸収するのを楽しみとしていましたが、いつも私の方法や知識にあき足らず、自分たち独自の方法と知識を得ようと努力していました。

◉おおいに遊ぶ

ネーザンがまだ今よりも幼《おさな》かった頃、動物のぬいぐるみをはじめとするたくさんの玩具を持っていました。彼は恥ずかしげもなく、ごく自然な態度で、ぬいぐるみのことを私に教えてくれました。彼がもし学校に行っていたら、他の男子生徒たちに、ぬいぐるみをまだ待っていることをからかわれ、きっと惨《みじ》めな思いをしたことでしょう。でも、彼は学校に行かないことになりましたので、ぬいぐるみが必要なときは持っていたのです。また、ぬいぐるみたちの出てくる背景をレゴで作るために、夢中になっておりました。

たいていの同年代の男の子たちは、ぬいぐるみで子どもらしく遊ぶ年齢をとっくに過ぎていました。でも実際はどの子どもも、ぬいぐるみで遊んだりゲームをしたりするのが、ほんとうは好きなのです。ネーザンの場合は、「大きな坊やはおもちゃで遊ばないよ」と注意する人が周りにいなかったので、おもちゃから卒業するための心の整理ができる時間が、たっぷり持てたのです。彼が子どものときに使ったおもちゃを、意を決して大きな袋に入れて屋根裏にしまったのは、十四歳半の時でした。そして、自分の人生の次の段階、つまり真剣に勉強してなんらかの資格をとることに移る準備ができたと、彼は母親に自分の言葉で宣言したのです。

この少年の行動は、私に強烈な印象を与えました。それとともに、戸惑《とまど》いに満ちた問いかけを、私に投げかけることになりました。と言いますのは、私たちの教育制度においては、「遊び」は、取るに足らないつまらないものとしてしか、位置づけられていないからです。子どもたちが幼児のときには、それしかできないので、しかたなく遊ばせておきますが、言葉を使ったり、手の操作が十分できるようになると、「遊び」を教育の道具として用いるようにしむけようとするのが、私たちの現在の教育制度なのです（これは子どもが持っている独自の知能による自発的な表現を、潰《つぶ》してしまうことになりかねません）。あるいは、「まじめな」学習の妨《さまた》げになるからという理由で、抑《おさ》えこまれてしまうのかもしれません。

けれども、二人の兄弟と接した体験から分かったことは、むしろ大人が意図的に用意したりしない自由な「遊び」を、少年期におもいっきり満喫《まんきつ》したほうが、たとえ学習的側面が遅れたとしても、「遊び」を通して得たものが学習する上での強力な資源となり、複雑な大人の問題を解決できる糸口《いとぐち》さえも、自力で見つけられるようになるということです。私は、「遊び」が、単に授業と授業の間の暇《ひま》つぶしでは決してないことに、目を覚まされました。そして、思春期の子どもたちによく見られる情緒不安定、ただ漠然と物事を覚える「お勉強」、こういったことに対する最高の処方箋《しょほうせん》でもありうることに気づきました。

◉さあ、勉強をしよう！

ネーザンとアーロンとは、心ゆくまで遊ぶように心がけました。繰り返しますが、二人は決して発達の遅れた子どもたちではありません。むしろこの兄弟は、普通の学校に通う子どもたち以上に、読み書きができました。そして、二人とも、成長したら何をしたいのかが、はっきりしていたのです。実際、弟のアーロンはすでに、父親がやっている電子防犯装置《ぼうはんそうち》の取り付け工事の仕事を、必死に覚えようとしていました。

私が二人の子どもたちと出会ったときは、高校や大学に進学するなら多少役立つかもしれない、語学の断片、理科、数学、歴史、地理など、学校教育で教えられている科目を、二人とも学んではいませんでした。こういった知識は、必要としなければ、すぐに忘れられてしまうものです。しかし、成人になるための準備をついに実行することをみずから決意したとき、資格試験を受けるにあたって、学校で学ぶ子どもたちには見られない強い意志力をもって、これらの科目を自力で学習していったのです。

この二人の子どもたちは、決して秀才ではありません。もし学校で学んでいたら、「普通」

の生徒として教師に烙印《らくいん》を押されていたでしょう。しかし、この兄弟の際立《きわだ》った特徴は、学習意欲が非常に高いこと、また将来に役立つと察知《さっち》すれば、たいして興味を覚えないことであっても、くらいついて体得《たいとく》するだけの、粘《ねば》り強さも持っていることです。子どもたちの親は、資格試験に合格するために、ある科目に関しては家庭教師を手配しましたが、学校に通う子どもたちがふつう五年かかるところを、一年ちょっとで準備することができたのです。二人とも、受験のための科目の大部分に、あまり興味がわかなかったのですが、目標を目指して猛《もう》勉強をしました。ネーザンは英語の家庭教師から多くを得たと言ってくれました。もしかりに家庭教師が彼らにとって役立たないと感じたら、家庭教師に来てもらうことを、やめても良いという条件でした（ときには、やめてほしいと思ったこともあったようです）。このように、将来の目標に向かって、立ちはだかる問題を解決するということが、かえって成長の糧《かて》となりました。誤解しないでいただきたいのですが、学校に通う子どもたちには、目標をひたすら目指す気迫《きはく》が見られないなどと言っているのではありません。私が言いたいのは、学校に行かなくても、そのような迫力を二人の少年が持っていたということであって、学校に行かなかったから、そういう力量が芽生えたということでは、決してありません。

◉選択なき選択

学校教育は、学ぶことがいかに大切なことで、いかに必要なことであるかを、子どもたちに口やかましく言いつづけます。レジャーや休息を含むすべての行為より、勉強が常に優先されなければならないと、繰り返し強調します。こういった雰囲気の中で育った場合、他の選択は始めから存在せず、決められた科目を学ぶしかありません。子どもたちは、おとなしく従順に従っているほうが、抵抗するより、波風《なみかぜ》立てず楽なことを自然に悟《さと》ってしまい、それに応じたように振るまうことになるのです。このようにして子どもたちは、学校制度でしか勉強というものができないと考えたり、そういった考えが当然のことだと思い込んでしまうのです。

ですので、まったく大人に強要されない状態で、子どもたちが、自分にとって必ずしも興味深い科目でなくとも、将来役立つ資格課程のために、みずからの意志で自由に選択することは、大人にとっては信じられないことなのかもしれません。たとえば、数学のような知識を習得する場合、長期間にわたって学び、筆記試験を繰り返すことによって、明らかな成長の跡《あと》と自信の蓄積《ちくせき》が確認できます。このことを二人の少年はやってのけたのですが、それは彼らにとって、もっとも正しく、もっとも良い学習だと、みずから思ったからできたのです。

現在、この二人の少年は、地元の職業専門学校に学んでいます。現時点では、彼らが将来どのような職業に就《つ》くのか分かりません。しかし、私は、彼らがきっと希望している仕事に就くんじゃないかと期待しています。この兄弟は、思春期にありがちな苛立《いらだ》ちにも負けることなく、互いに口喧嘩《くちげんか》をしても、その日のうちにお互いの違いを認めあって問題を解決し、小さな贈《おく》り物を交換することによって、相互理解を築くことができました。親に対しても大きな摩擦《まさつ》はありませんでした。この二人は、家庭での教育の恩恵《おんけい》をうけた、幸せで前向きな少年の例だと、言えるかもしれません。

それでは、いったい家庭での教育の利点とは何なのでしょうか。第一に言えるのは、家庭での教育は限りなく柔軟《じゅうなん》であるということです。すべての子どもたちが個性豊かな存在で、それぞれ個々のさまざまな世界観が形成されているとするならば、授業中に全員の子どもが、一定の科目に興味を持ち、いっせいに同じ知的関心を持つなんて、どう考えてみてもありえないし、おかしいんじゃないかと疑問がわいてくるでしょう。

たとえばフランス語の動詞を教えようとすると、興味があろうがなかろうが関係なく、授業開始のベルが鳴り、四五分後には終了のベルが鳴るというぐあいです。興味がある生徒にも、まったくない生徒にも、ベルは生徒全員に対して適用されます。もし子どもたちが、決められた時間に始まりと終わりのベルが鳴る授業のリズムに、我慢《がまん》できなくなるとすると、学校側は自分たちが悪いのではなく、そう感じる子どもたちが間違っているのだとして、罰を与えます。

しかし、家庭での教育を受ける子どもたちに対しては、一人ひとりの思考や感情の襞《ひだ》を、注意深く観察することができます。そうなると、もっと学びたいという子どもたちの自発的な興味や意欲を邪魔《じゃま》したり、あるいは、今はやりたくないという人間としての自然な反応や抵抗を、小さな犯罪として扱ったりする必要は、もはやありません。子どもたちは、興味がおこれば学習に身を入れ、興味がなければ学ばなくてもよいのです。

◉子どもたちは怠惰《たいだ》ではない

私が接した二人の子どもたちは、学校で学ぶのよりも少ない時間しか勉強しなかったことは、ありませんでした。子どもは本来、怠惰では決してありません。もし興味のあることに出会えば、好奇心が満たされ、十分に知識が蓄積《ちくせき》されるまで、物事に熱中するでしょう。ネーザンとアーロンが数学や英語に取り組んだときには、六時間あるいはそれ以上、少しも退屈したり嫌《いや》がったりしないで、夢中になって勉強をつづけました。学校の授業を受けつけない子どもたちは、それ自体がおもしろくないからで、必ずしも生徒たちができないからではありません。もし、子どもたちに圧力をかけて学ばせようとすれば、それは間違っている知識を学ばせているのと同じことになります。家庭で学ぶ子どもたちには、学校で学ぶ子どもたちが無駄《むだ》にしているような時間がないのです。というのは、親が子どもたちをよく理解しようと努力し、また休憩《きゅうそく》をとったり、くつろいだり、臨機応変《りんきおうへん》に科目を変更《へんこう》したりすることができるからです。

家庭での教育は、学校で強制的に学ばさせられる科目とは異なったものを、勉強することができます。私たちの住む高度に合理化された社会では、しばしばカリキュラム全体を支配する特定の科目があり、悪い意味で「重点」科目として制度化してきました。イギリスでこの核となる科目群は、英語（当然であるが）、算数、地理、歴史、そして科学です。これらの科目は、もしそれらを学ばなければ、人間社会は愚鈍《ぐどん》で未開なものになってしまうという、非常に狭《せま》い偏見《へんけん》から重要であるとされてきたのです。

しかし、学校で学ぶ子どもたちのすべてに、こういった科目が重点的に、今も教え続けられている主な理由は、そういった科目を専門としている教師が、単に職を確保《かくほ》したいからにほかなりません。自分たち大人の狭い子ども観に固執《こしゅう》し続けると、個々の子どもが自由に学校の科目を選ぶことを認めようとしないばかりか、教室に無理やり来させ、学校で用意されたカリキュラムを喉《のど》から流し込むといったやり方が、いつまでも繰り返されることになります。こういった強制的なやり方を続けるために、学校で教えられる科目はすべての子どもに意味あるものので、それゆえ、その科目を学ばないことは許されないといった、あやしげな理由づけを押しつけているのです。

◉実際に役立たないカリキュラム

つまり行きつくところは、学校のカリキュラムが、かなり疑問だらけだということです。実際にその用途が明確な英語（イギリスにおける国語）は別として、学校では、多くの生徒たちにとっては——上級または高等教育を受ける一部の生徒たちにとっては、受験の時に多少役立つかもしれませんが——、人生において二度と思いおこすことのない知識ばかりでしょう。「学校で習った数学が役立ったのは、最近ではどんなとき？」と尋《たず》ねると、「つい最近役立ったのは買物に行ったとき」という応《こた》えが返ってきます。私は、学校で学んだたし算やひき算以外の数学は、具体的にどういうときに活用したのかを、さらに突っ込んで質問してみました。ほとんどの回答は、パーセント、比率《ひりつ》などが役立っているというものでした。学校時代によく涙を流し、苦しめられた代数、三角法、ピタゴラスの定理、二次方程式は、頭の片隅《かたすみ》の箱の中でほこりをかぶっていますが、実は、学んでいる最中も、そしてそれ以後も、本音《ほんね》のところでは、役立つとは決して思っていなくて、役立たないと思いながら、しかたなく勉強していたのです。

◉学校から離れてうまくいったケース

けれども、多大な苦労にかかわらず、非常に効率的に数学を学んだ子どもをも、私は見てきました。その子は十二歳の少年ギャビンで、学校教育が彼の人格を崩壊《ほうかい》させていることが、母親や私にダイレクトに伝わってきました。毎朝学校に行かなければならないとき、彼は恐怖におびえて麻痺《まひ》症状をおこし、学校に行っても授業についていくことができませんでした。結局、私が彼の教育を学校外で見ることになりました。はじめて彼に出会ったとき、長年にわたって学校で組織だった教育を受けてきたにもかかわらず、彼は掛け算の九九がまったくできなかったのです。苦労をかさねてやっと簡単なたし算やひき算ができるようになりましたが、それ以上はまったく無理でした。彼はやさしい文章しか読めず、また文章を書くのも苦手でした。彼が書いたものといえば、彼独特の間違いだらけの綴《つづ》りとあやふやな文法からなる文章でした。彼は一年の月の名前さえ綴ることができなかったのです。彼は学校教育のおちこぼれであり、非常に不幸な子どもでした。

私はすぐさま、彼と接するためには、学校教育と同じような従来のやり方では、まったくだめだと直観しました。私は彼の母親に、やさしく励《はげ》ますことのできる大人が、たえず学習ゲームをさせるのではなく、しばらく一人で生活させてみてはどうかと、提案をしました。彼女は全面的に同意してくれました。何ケ月もの間、この少年は勉強らしいことはまったくしませんでしたが、ある時からSF小説を読み出したのです。私は母親に、SF小説のほうが同年代の少年たちが読む『ペニー・ドレッドフル』★2という作品よりも、ずっとよい読み物であることを説明しました。私はこの少年と定期的に会い、学校で学ぶ科目を教えようとはせずに、彼の興味をかきたてることを探しました。私が気づいた限りでは、彼の好奇心を満たすものを、従来の学校科目の中に見いだすことは、まったくできなかったのです。

ギャビンが十五歳のときでした。彼は母親に、地元の職業専門学校で電子工学のコースを勉強したいと打ち明けました。それまで、私は彼と一緒に、簡単な電子模型《もけい》を通じて、色々な電子回路《かいろ》を見よう見まねで作ったりしていましたので、彼が電子工学に興味があることは知っておりました。でも、電子工学を学ぶにあたっての複雑な理論を教える能力は、私にはありませんでしたので、彼の希望に私自身が応《こた》えられるかどうか、正直に言ってその時は不安でした。でもその不安はとりこし苦労でした。学校に通っていた頃は掛け算の九九さえできなかった彼が、専門学校に行くことを決めるや、自分の意思で、電子工学を学ぶために必要な代数や三角法、その他の数学を、自力で勉強するようになったのです。そして、その後、とうとう立派な電子工学の技師になったのです。

★2　ペニー・ドレッドフル（**Penny-dreadful** または **Penny Horrible**）三文スリラー小説。主にイギリスの男性向けの三文雑誌の読み物をいう。昔は一ペニーで買え、低俗な内容でけばけばしく扇情的であった。今でこそ一ペニーでは買えないが、同じようなくだらない小説をさしてこう呼ぶ。一九世紀後半のビクトリア朝時代に流行したシリング・ショッカー（**shilling shocker**）（犯罪・暴力小説）も同様な種の刊行物だが、もっと高い値段の一シリングであった。

このギャビンと対照的で皮肉な例は、十六歳まで学校教育を受けたギャビンの弟です。彼は自分がやりたいことも見つからないまま学校を終了し、仕事もせずにぶらぶらしています。もしギャビンが、学校当局が求めるがままに学校にとどまっていたら、彼は弟と同じようなパターンに陥《おち》っていたかもしれません。たぶん彼の弟は、自分が主体的に学習をしなければならないといった、必然性《ひつぜんせい》をつくりだす機会がなかったのでしょう。ギャビンが主体的に学習できたのは、家庭での教育がうまくいったことが考えられます。ギャビンがかつて通学していた学校は、高度に訓練された教師集団によって運営され、子どもたちへの進路指導にも熱心に取り組む体制が整備《せいび》されておりました。教師たちは、彼に一連の試験をし、その結果、難解な知識や技術を必要とする電子工学の技師には、とうていなることは出来ないという評価を下したのです。もしそのまま学校にとどまりつづけたとしたら、おそらく、彼は学校側の評価にあまんじ、不本意な職に就《つ》いたことでしょう。つまり、自立した人間として生き、絶えず成長することのできる家庭での教育こそが、彼の能力を開花させたと言えるでしょう。大人の考えに従属することなく、彼は自分の道を、自分の力で切り開いたのです。

◉ 社会との関わり

教育学者のジョン・ホルト★3は、学校から離して子どもを教育する唯一主要な理由は、社会との関わりが密接にあることだと、かつて明言しました。「家庭での教育ではさまざまな個性との交流ができないのでは？」とご心配される方にとっては、びっくりするような発言かもしれません。でも、ホルトの言うように、私の一〇年来の家庭での教育の実践においてもまた、学校を離れることよって、より社交的にならなかった例は、ひとつもありませんでした。イギリスでも、学校に子どもをやることによってのみ、他の人びととうまく交《まじ》わることが学べ、成長する過程においても、学校での社交性《しゃこうせい》の習得がきわめて大事なことだと、そのように思われてきました。この考え方はかなり説得力があるために、根底からくつがえそうとする試みは、今までなされてこなかったのです。一般的な通念として、子どもは本来的に自己中心的な存在であると、考えられてきました。もし大人が子どもたちに、他者との関わり方を努力して学ぶことの大切さを教え込まなければ、協調性や自重《じちょう》といった社交術を習得することは、出来ないと考えられてきたのです。

私は、自分本位で自分勝手で行儀《ぎょうぎ》の悪い子どもたちに、たくさん出会ってきました。また、思春期の子どもが脆《もろ》く繊細《せんさい》で危険に満ちているのはあたりまえのことなのですが、なかには極端に神経症的な状態にある子どももいて、そういう子どもたちをも、目の当《ま》たりにしてきま

★3　本書41頁の訳註★4を参照。

した。彼らに共通することはただ一つあります。それは常に学校に通う生徒だということです。

私が教師だったころ、このことは驚きであり、また悩みの種でもありました。しかし、社会的な問題を、それぞれの生徒個人の問題として対処していくやり方には、おのずと限界があります。私は中等学校で教師をしていましたが、受け持ったクラスの生徒たちは、すでに六、七年間ものあいだ、学校制度の中で学んできているのです。私や他の教師が彼らを教え終わる頃には、つごう十一年間ものあいだ、強制教育を受けたことになります。無責任な言い方かもしれませんが、それはいま思い起こせば、全く無駄な時間だったと思います。要するに、地域社会の規則を破ったり秩序を乱したりしないという、そんなことのために、実に多くの時間が専門家の高額な指導によって、費《つい》やされたのです。その結果はご存知のとおりです。私たちが教えた生徒の大半は、思春期を通じてより反社会的になっていきました。学校から巣立った瞬間、疾風怒涛《しっぷうどとう》の谷間のどん底へと転落していったのです。私たち教師が彼らを教育した結果が、こうなのです。だとすれば、これからどうやっていけば、彼ら一人ひとりにとって最良の道が開けるのか、教師は自分自身に問いかけなければなりません。非常に難しく責任の重い課題なのですが……。

◉「地獄とは他の人びとと関わることである」★4（ジャン＝ポール・サルトル）

事実として確認できることは、十一年間の学校教育のなかで、子どもたちは、他者に対する思いやりを、徐々になくしてしまっていくことです。長年、同じ年頃の同じような仲間と時を過ごし、会ったり会わなかったりする選択が与えられていない状況では、他者を心から愛する気持ちが、なかなか湧《わ》いてはきません。大人であれば、苛《いら》ついたり脅威《きょうい》を感じる人を避けることができます。しかし、学校の子どもたちには、そのような選択はなく、どのような子どもも学校内のメンバーと、ほぼ毎日付き合わなければなりません。こういった状況では、社交性について教えても意味がなく、教えても逆に、気まずい人に対しては本当の感情を押し殺すと

★4　フランスの哲学者、サルトルによって書かれた戯曲『出口なし』の主題を象徴する言葉。舞台は常にあかりのともった密室で、そこに二人の女と一人の男が登場し、絶えずお互いに見られる関係にある。そのような場では、〈私〉は、〈他者〉の眼差しに常にさらされ、「おまえは～だ！」というように、一方的に名ざされる剥き出しのあり方で存在している。この〈他者〉から見た自分の存在の意味から「出口のない」〈私〉は、〈私〉から見た自分の存在の意味を守るために、〈他者〉との間で、いわば「石にするか、石にされるか」といった、メデューサの眼差しを向け合う抗争をするしかない。この死闘ともいえる〈他者〉との眼差し地獄の関係性のことを指した言葉である。

いった態度を、助長《じょちょう》することになりかねないのです。

しかし、家庭での教育はそうではありません。家庭では学校よりも、もっと有意義なことを教えることができると思うのです。実際、家庭での教育は、学校教育にありがちな、子どもが何をしたらよいのか戸惑《とまど》ったりすることはありません。また、思いやりや優しさに欠ける、典型的な中等教育の学校文化に接することもありません。家庭での教育においては、すべての関係が自発的な参加であることを要求されます。もちろん、必ずしも完全に平等な関係ではなく、世代間の矛盾も存在します。ですが、関わる人数が少ないことから、学校における人間関係よりも、無意味な圧迫《あっぱく》感がなくて楽であり、お互いの利益関係をめぐって、はっきりと議論ができるのです。そして、少なくとも、お互いの立場を主張できる関係を、築《きず》きあげることができるのです。

学校における対話は、事実を歪《ゆが》める二つの掟《おきて》によって、きびしく抑圧されています。一つめは、学校当局は必ず生徒との対話において勝たねばならないこと、二つめは、生徒たちの仲間内の暗黙の掟であり、いじめや脅しがあっても決して教師に「告《つ》げ口」してはならないことです。もちろん、同じようなことが、家庭内にもないとはいえません。たしかにこういった掟が、家庭にも存在することは事実かもしれません。ただ学校との違いは、個々の家庭はそれぞれ異なっており、そして独自のダイナミズムを持っていることです。ですので、どういったダイナミズムによって支配されているのかが分かれば、前向きな解決策を見つけるのは、さほど困難ではないのです。

◉ 家庭は思いやりのあるところ

家庭での教育の最大の長所は、子どもにとって居心地《いごこち》の良い、自分のホーム・グラウンドで教育が行なわれるという、単純な事実にあります。たいていの学校は、服装、振るまい、そして文章作法にいたるまで、生徒たちに画一性を強要することが、生徒たちのためになるというふうに考えています。そして、学校側は、秩序ある社会における生活に役立つための準備、またはそれに関係したことを教えるためにやっているのだと、言い張ります。けれども、子どもたちが家庭に戻るやいなや、自分のお気にいりの服装にすぐさま着替え、お気にいりの大事なものが置いてあるリラックスできる部屋にこもります。子どもたちは、教師がどう思おうと、自分の時間を自分で自由に使ってはいけないといった暗示を、教師にかけられるのを嫌《きら》いますので、宿題をするときでさえも、学校生活の厳格さを家庭環境に持ち帰ったりはしません。

学校生活の厳《きび》しさに従うための訓練を受けた子どもたちと、訓練を受けなかった子どもたちとのあいだに、社会性の点で違いがあった例を、私は見たことがありません。つまり、訓練を受けなかった子どもも、秩序を尊重する態度や、規律正しい生活のリズム、協調的な社交性を、しっかりと持ち合わせております。むしろ、訓練を受けなかった、家庭での教育を受けた子どもたちの方が、より成熟しており、学習態度も意欲的で、勉強も熱心にするように思われます。それは、作為《さくい》的に強いられたことに対しては、健全な心の持ち主であれば、かならず反発が生じることの、ひょっとして裏返しなのかもしれません。

◉結果よければ、すべて良し

家庭での教育の効果は、必ずしもすぐには出てきません。この点が、家庭における教育が広く理解されない大きな障害となっています。教育者にたえずつきまとう悪癖《あくへき》は、教室で施《ほどこ》す教育の質を見て、その結果にすぐに結びつける傾向があるということです。たとえば、もし、指定どおりのきちっとした制服に身をまとった子どもたちが、列をなして教室から教室へと秩序を保って移動すれば、教師たちは、素直で真面目な子どもたちに教育するのに成功したと思うことでしょう。あるいは、子どもたちが良い成績をとり、きれいに字を書けば、多くの教師たちは、怠け者で軽率《けいそつ》で野蛮な子どもたちを、小さな紳士・淑女に変身させたと信じて疑わないでしょう。

このような教師は、子どものごく一面しか見ていません。私の教師時代の体験に即してみれば、教室の前にどの先生が立っているかによって、子どもたちの態度が大きく違うことを、しばしば目撃してきましたし、みなさんも子どもの頃を思い出してみれば、お分かりになることでしょう。子どもたちが好感を持ちながら一目おき、ある種の威厳《いげん》がある教師でしたら、穏《おだ》やかに言うことを聞きますが、そうでない先生に対しては、非常に反抗的になります。

けれども、もし子どもたちが特定の人にだけしか、きちんと振るまうことができないとすれば、本当の意味でのきちんとした振るまいを、学んでいないと言えるのではないでしょうか。これまで何度も指摘してきましたが、教育の真価《しんか》は、授業中にいかに振るまったかではなく、教室から離れ、学校から巣立ってから、いったい何をするのか、どう振るまうのかという点で、問われるのです。良い教育とは、その時点でいかに従順であるかを子どもたちに装《よそお》わせることではなく、遠い将来においても創造的で幸福であるための手立てを、準備させるということにあります。

ですから、もし私たちが子どもたちを真の意味で教育しようとすれば、個々の子どもたちの現実を直接に反映した教育でなければいけませんし、なんらかの形で子どもたちと協力しあう関係を築《きず》かなければなりません。

この点が達成されてこそ、子どもたちの生き方に伴走《ばんそう》することができるのです。そして、そのときにはじめて、私たちの教育目標が達成されようとしていることを、かろうじて確信できるのです。ですので、子どものことをよく知っている親のほうが、学校の教師よりも教育に適しており、一人の個人としても、子どもたちをよく理解でき、面倒をみることができるのではないかと思うのです。

たしかに、子どもの教育に対する役割に消極的で、しかも深い洞察力《どうさつ》を持っていない親がいることも事実です。また、子どもたちに接する距離が近すぎるあまり、子どもたちの現実が見えなくなり、逆に圧迫感《あっぱく》や抑圧を子どもに与えてしまうケースもあります。私は、親のすべてが子どもたちを教育するのに最も適しているとは、とても断言することはできません。むしろ、そんな楽観論《らっかん》は非現実的なことでしょう。けれども、こういう現実にもかかわらず、あるいは、こういう現実だからこそ、親でも良い教師になれると確信したいのです。親が良い教師になれないのは、学校制度の中の免状《めんじょう》を持った教師だけが教育の適任者《てきにん》だと、思い込まされている点に、原因があるのです。

私が、親の方が学校の教師よりも、良い教育を与えることができると推奨《すいしょう》するとき、たとえば、次のような反応が返ってきます。「それでは、いったい、どういうふうに教育すればよいのでしょうか。教える免状も資格も全くありません」。

私はこの種の質問に対しては、子どもたちは親から母語《ぼご》を学び、そしてそれこそが、幼児にとって、もっとも効果的な教育方法だということを、説明します。さらにつけくわえて、親がすべてのことを教える必要はないし、誰もそんなことを期待していないとも言います。生きるうえで大切なことについては、子どもたちは、愛し、尊敬できる人びとと生活を共にすることによって、みずから自力で学ぶことができるからです。そして、その他の専門的な知識や技術については、専門学校や大学に行って学べばよいので、学ぶ意欲が湧《わ》いてきたときでも、決して遅くはないのです。

もちろん、学問をするということが、教育のすべてでも最終目的でもありません。けれども、一般の人びとにとって教育の過程は、当初の目的を達成すると、そこで終了してしまうというのが、当然のようになってしまっております。大学に進学する者は別として、大半の人びとは、子ども時代を終えて学校教育を終了してしまうと、職業と直接関わらない勉強とは、無縁《むえん》になってしまいます。残念なことに、ほとんどの人は、子ども時代の学校での「お勉強」と、真に「学ぶ」ということとを、同義語《どうぎ》として捉《とら》えてしまっており、二度と学びたいとは思わないのです。家庭での教育は、親に対して、この間違った「お勉強」観を捉《とら》えなおすための、よいチャンスを与えてくれます。

たとえば、家庭での時間割やカリキュラムを作成するにあたって、子どもが自分から学びたいと望む科目を選択できる時期まで、学校のような授業とは異なった自由な試みができるのです。確かにこのやり方ですと、組織だった知識という点では、学校での「お勉強」に遅れをとるでしょう。でも、学校で強制的に教えこまれた同年代の子どもたちは、「お勉強」に辟易《へきえき》して、後の人生で、もっと学ばなければならない大事なことをさえ、「学ぶ」ことに拒否感を覚えるようになってしまうのです。しかし、学校で勉強するという圧迫感《あっぱく》がなければ、学ぶべき学習に対して、学ぶべき価値があるかどうかを、自分で評価することができ、そしてそれを実際に学ぶべきかどうかを、自分みずからが主体的に決定できるのです。

◉家庭での教育という王道《おうどう》

親にとって家庭での教育のもっとも魅力的な点は、結果として現われてくる教育の質にあります。家庭での教育に私が関わったある子どもを訪ね、その子の親に、私の手から離れてからどうしているのかを訊《き》いたことがあります。その子の父親は、子どもを誇りに思っていて、思春期に直面する困難も、自分の力でしっかりと乗り越えたと、嬉《うれ》しそうに語ってくれました。思春期になると、通常の家庭では、親の期待が大きすぎて、子どもはより引っ込み思案《じあん》になったり、苛々《いらいら》が止まらなくなったり、葛藤《かっとう》やフラストレーションで思いつめた様子になったりします。

一般的な教育理論から言っても、子どもが成長する過程では、子どもに対する大人の影響力を、子どもが跳《は》ねのけようと挑戦するのは、常識です。この反応は、子どもが直面する未知の状況に対しては、プラスの側面があります。つまり、子どもが強い性格を持ち、自分の道を自力で切り開くだけの素養《そよう》を持っていることの証《あかし》でもあるわけです。

しかし、イギリスの学校だけでなく他の国の学校においても、自立のための初期の衝動《しょうどう》は、社会の秩序を揺るがしかねない、強情《ごうじょう》でかなり危険な欲望《よくぼう》としてしか見なされません。若い人たちが親や教師の言うことに従わない場合、大人たちが、自分たちの与えている命令が従うに値するかどうかを、みずからに問いかけることは、ほとんど無きに等しいでしょう。私たちの社会の慣習《かんしゅう》では、大人の存在が大きな地位をしめております。子どもたちは、どうしてそういった命令が出されるのかを考えることすら許されませんし、また、たとえ成人の年齢に近い青年であったとしても、絶対的に服従しなければなりません。子どもが学校から離れて家庭での教育になぜ移行しなければならなかったのか、この学校教育への問いかけに対して、学校教育にたずさわる者で誰一人として、誠意《せいい》をもって答えてくれたことは、今まで一度もありません。学校教育で、自分たちの判断にまかされて教育してきたにもかかわらず、子どもが苦しんで窒息《ちっそく》しそうになっているとすれば、同僚の教師や親と交渉したり、子どもが学びたい科目を選択できるようにしたり、学校の運営にさらに深く関わったりしなければならないはずです。教育という名のもとで、いったい今まで何をしてきたのだと、私は言いたいのです。

専門家がすべてを解決するという認識が、いかに無益《むえき》かということを、これまで繰り返し述べてまいりました。少しだけでも感じ取っていただければ、お話しした意義《いぎ》があったかと思います。

◉ブラジル的解決策？

私が教師をしていた頃の最後の頃のことで、大きな中等学校での教員会議の席上でした。この会議での議題というのは、最終学年の二年間で生徒がもし遅刻したら、罰すべきかどうかというものでした。さまざまな角度から意見が発せられました。放課後三〇分、学校に居残《いのこ》らせてはどうか、親に通知してはどうか、余分に宿題を与えてはどうか……。私は、いつもながらの古くさいやり方が、さも新しい解決法であるかのように提起されることに、腹立たしく思いました。そしてもう我慢できず、私はこう言いました。

「ブラジルで行なわれてる解決策はどうか。」

「それは一体何だ？」と教員会議に出ている教師たちが訊《き》きました。

「遅刻したものを一〇人ごとに一人は、ピストルで頭をぶちぬくことだ」と私は答えました。

「なんと馬鹿げたことだ！」と同僚たちはつぶやきました。「そんなに馬鹿げたことではない」と私は反論し、さらにこう言ったのです。

「生徒たちが訓練されたサーカスの動物たちよりも優《まさ》っているとは思えない。今問題にされている生徒たちは、二年後には選挙権を、あらゆる市民権を手にする。そして彼らの大半は子どもを産むだろう。彼らは私たち大人になるのに、すぐそこまで来ている。もし登校時間に遅刻しないようにしたいのなら、説得できるような効果のある方策を打ち出さねばならないだろう。でも、いずれにせよ、四割もの生徒が学校に来ない。だから遅れてきても、むしろ花束をもって迎えに行くべきだ。生徒たちを罰することによっては、何も解決にならないし、むしろ学校に対する憎悪《ぞうお》を増幅《ぞうふく》するだけである。」

私の意見を認めてくれるものは誰もいませんでした。しかし、私の議論には、大きな欠点が見出せないはずだと思います。というよりも、家庭での教育を行なうことによって、このようなくだらない問題に悩まされないことの方が、重要なのです。

◉これまでのまとめ

これまで私が述べてきたことをまとめると、「家庭での教育は柔軟な教育」であるということです。他の人間の営みと同様、この試みを成功させるためには、愛情、尊敬、勇気をもって、自分の道を自力で切り開くことができるよう、幅広い選択の自由を生徒に与えなければなりません。また、学校側が偽善《ぎぜん》的な尊敬を求めるような、意味のない儀式は、しりぞけていくことが重要です。

家庭での教育では、子どもが欲するあらゆるタイプの教育を試みることができます。子どもの人生におけるそれぞれの年代の困難な局面で、学校側は、子どもたちの学校に対する感じ方に臨機応変《りんきおうへん》に対応できないために、子どもたちの感情を潰《つぶ》してしまうか、犯罪者扱いをします。家庭での教育では、感情的な充足感を得ることによって、子どもは、他者を傷つけることなく思慮《しりょ》深い人間として成長できるのです。

10章 誰にでもできる家庭での教育

◉家庭の教育とはどのようなものか?

この問いについてお話しをする前に、親からしばしば受ける質問に触れておきたいと思います。それは、「あなたには子どもがいるのですか? また育てた経験はおありですか?」という質問です。

答えは「いいえ」です。私は、「他人の子ども」と付き合い、困難な思春期に向かいあってきましたが、自分には子どもはいません。毎日困難な現実に直面している親にとって、直接に子育てを経験していない私の主張は、説得力を欠いているように、お感じになられるかもしれません。しかし、もし私に子どもがいたとしても、私は自分の教育理念を変えることはありません。たしかに、同じ子どもと四六時中、付き合っていない人は、子どものことが理解できなかったり、時によって、その行動が信じがたいものだということを想像できなかったりする場合が、あるかもしれません。けれども、私は、困難で問題の多いたくさんの子どもたちと、教師として付き合ってきましたし、子どもたちが言うことを聞かず、思惑《おもわく》どおりにしてくれない場合、大人にとっては、腹《はら》にすえかねるほどの苛立《いらだ》ちを感じることも、経験しております。

大事なのは、もし子どもたちに「問題」があったとしても、私たちに反論する大人たちに対応するように、振るまわなければならないということです。つまり、子どもたちに対して、危害を加えたり、無理やり我慢をさせたり、きつい思い込みを植えつけたりするような、そんな関係を子どもたちに強いる理由や資格は、どこにもないということです。もちろん、子どもを育てるには、責任と労力が必要です。私は、子どもを育てるための、長期間にわたる経済的負担については、十分わかっていないことを、正直に認めます。

しかし、子どもたちとどう関係を築《きず》くかということに関しては、私は一般の親と変わりなく、あるいはそれ以上に、知っているつもりです。もし、私に子どもがいれば、正しいことや他人を敬《うやま》うことをいつも教え続けるのは、容易《たやす》くないと感じるあまり、どこにどんな問題があるのかを考える余裕がなかったかもしれません。また、私は大人であり経験豊かな成人でありますすので、自分の側だけから問題を見るのではなく、他者の立場から問題を見ることを心がけています。子どもたちに私の主張を押しつけたり、私の都合の良いように振るまわせたりすることは、明らかに間違った行為でしょう。

それでは、子どもたちに、したい放題をさせてもよいのでしょうか。もちろんそうではありません。子どもの自由に対する偉大な提唱者であるA・S・ニイル[★1]は、自分の著書を読んだ人たちが、子どもたちに絶対「ノー」と言ってはいけないといった、間違った理解をすることを、心外《しんがい》だと言っております。ニイルは、免許証を取得《しゅとく》するように、自由を取得するわけではないとも言っております。サマーヒルの子どもたちが、ニイルの持ち物の道具を、雨の中にほったらかしにして、錆《さび》つかせたとき、普通の頑固《がんこ》親父のように、子どもたちを厳《きび》しく叱《しか》りつけました。それは彼個人の道具であって、子どもたちがそれを黙って使うことは、許されないことだからです。

もちろん、ニイルは正しく、逆に、ニイルが、子どもたちの持ち物を黙って持ち出し、ほったらかしにすることも、断じて許されないことですし、そんなことをしていい特別の権利が、大人にあるわけでもないのです。大人と子どもとの摩擦《まさつ》の多くは、大人が当然の権利であるか

★1　本書43頁の訳註★7を参照。

のように子どもたちを統制《とうせい》し、子どもたちの人生の方向を指示することができると、思い込んでいる点にあります。そして子どもたちが、大人による統制や指示に従わない場合、子どもは罰を与えられます。単に自分より年上であるからというそれだけで、その大人と同じ考えを持たなければならないという道理は、ないはずです。

◉誰でもできる家庭での教育

親ならば、誰でも家庭での教育ができます。実際、すべての親は、幼児に対して、なんらかの教育をしています。子どもたちはまず、母語《ぼご》を学ぶでしょう。ある場合には、子どもは、一つ以上の言語を親からか、あるいは自分の周囲にいる大人や年上の子どもたちから学びます。音声の構造《こうぞう》がポリネシア語のように単純であろうとも、日本語のように微妙な発音やトーンの変化があろうとも、学習過程においては大差はありません。小さな子どもは親が話すのを聞き、その音から推測《すいそく》して、言語の構造の全体をつかむのです。時間がたっぷりとあり、なおかつ、自然な会話のなかに身を置くことができれば、子どもたちは、親が言ったことをその通りに反復することができますし、さらに、他の人が使ったことのない表現を使って、話すことができるようになるのです。

子どもたちは、正式な学校教育を受けなくても、このような知的な離《はな》れ業《わざ》を、なんなくやり遂げてしまうものです。逆の状況を想像してみてください。もしも、学校で算数や地理を教えるように、何列もの机に並んで座らせ、次から次へと問題集をやらせたり、教師の問いに答えさせたり、そのような学校と同じやり方で、話し言葉を学ばせたりすれば、大変な混乱をきたし、失敗するのは目に見えています。子どもたちを自由にさせ、きっちりとした情報と、学んだことを消化できるだけの十分な時間が与えられれば、子どもたちは、自分で学習する能力を開花することができるのです。

家庭での教育の営みが、無限に多様で柔軟であることを、いくらかでも分かりやすいように説明しましょう。私は当初、家庭での学習には、親の絶え間ない手助けが必要になると考えていました。しかし、ジョン・ホルト★2（家庭での教育についての創造的な思想家・著作家）と同様に、実際にやってみると、子どもたちは、どの学習段階においても、自分の力で自発的に学習できることを、すぐさま確信しました。

ひとつ気に留《と》めていただきたいのは、私自身は、家庭での教育に関する成果を報告する立場には、立ちたくないということです。というのは、子どもたちがある科目を自発的に学んでいるか、それとも拒絶反応を起こしているかといったことを、従来の学校教育の方法に固執《こしゅう》した

★2　本書41頁の訳註★4を参照。

教育委員に、説明すべきでないですし、無駄なことだと思います。親が子どもの知的発達に対して、特に重い責任を負っているのだというお気持ちはよく分かります。それは正しい認識だと思いますし、理念《りねん》や理論《りろん》が大事なことも同感なのですが、現実を見つめることによって、理念や理論というものは調整されなければならないはずです。もし、批判的精神が子どもたちに芽生《めば》えるのを期待するのでしたら、待つということを信じること、つまり、許容《きょよう》できる自由度を子どもたちに与えるために、時間が必要となってきます。

◉大人の世界観を押しつけない

ジョン・ホルトは、親の子どもに対する権力についての有用な区別を提起しております。一つは、親が子どもよりもたくさんの知識を保有しているがゆえに持っている、生まれた時からの権力。もう一つは、断固とした決意で恣意《しい》的に操作する支配力を通して、子どもたちの人生のあらゆる局面を統制《とうせい》する権力、このように権力を区別しています。家庭での教育を行なう親は、厳《きび》しい規範《きはん》を、子どもたちに対してではなく、自分たち自身に対して、課《か》さなければなりません。

人生における危害から、子どもたちを守る権利と義務は、親にありますが、それは子どもたちが、人生に対して未経験で認識不足だからです。子どもの自由は、他人に危害を加えることさえ許される自由では、決してありません。しかし、強制教育の圧迫によって、心が壊《こわ》されることから、子どもを守りたいと望む親は、型《かた》にはめられることに対して、子どもがどれだけ激しく抵抗するかということをも、広く深い視野から理解すべきなのです。子どもたちは、危険な機械類を触ることを禁止されたり、他の子どもを殴って咎《とが》められたりすれば、やってはならない理由を、ちゃんと自分で認識することができます。けれども、自分たちの世界観が否定された家庭の中で、無理やり大人の世界観を押しつけられ、自分たちの心が破壊されることに対しては、強固な決意をもって戦うことが、子どもたちに許されなければなりません。このことは、しばしば親を当惑《とうわく》させ、激怒《げきど》させることなのですが、それだけに、いっそうの深慮《しんりょ》をもって、子どもの抵抗を認めなければなりません。

家庭での教育をする親が注意すべき点は、生きていく上で何が必要なのかということを、子どもたち自身が、かなり察知《さっち》しているということです。このことを親がしっかりと認めなければ、家庭での教育は成り立ちません。こういった考え方は、とんでもないとお思いになるかもしれません。しかし、この考え方は、学校教育を通して授《さず》けられる知識こそが、大人になるために習得していく必要があるものなのだと、信じ込まされてきたがゆえに、受けつけることができずにいる事実なのです。子どもたちが、親の世代が学んだ同じ科目を学ぶという学校での訓練をしなければ、望むべき人間になることなど出来やしないと、大人が思い込んでしまうのは、教育制度の現状を考えれば、無理もないかもしれません。

しかし、私の経験によれば、子どもが自分自身の気持ちに率直であるように、大人たちが根気よく注意して見守ることができれば、子どもは、自分の力で学ぶことの意味深さを、しっかりと手に入れるものなのです。子どもは、自分たちのやり方でじっくりと時間をかけることができれば、自分たちの頭が、からっぽでもなければ混乱してもしないと自信を持ち、周囲をとりまく情報に対して、うまく立ちまわって、有用な情報を吸収することが出来るのです。

◉家庭においてどのような授業をするのか

みなさんは、次のようにお考えになっているのではないでしょうか。——学校こそは教育の供給源《きょうきゅうげん》であり、子どもたちのあらゆる知的欲求を満たすことのできる、専門家が集まっている所である。そして教室での授業が、こういったことを実現させる学校教育の中心的な役割を担《にな》っている。したがって、良い教育を施《ほどこ》すには、授業が必要不可欠である。授業なくしては、伸びゆく子どもたちの心は、発達できないのである……。

いまお聞きになられて、どこかおかしいというか、現実とあっていないというか、そのような印象を抱かれた方もおられるかもしれません。その点を考えてみましょう。

私が教師だった頃、授業の量的な側面、つまり、授業を受ければ受けるほど、良い教育が得られるはずだと思っていました。しかし、現在では、授業を受けた子どもたちが、必ずしも結果的に良かったとは、思えなくなりました。子どもたち自身が、積極的に、自発的に授業に関わらない限り、意味はないというふうに考えるようになったのです。教師によっては、自分の影響下に引き入れ、授業に没頭《ぼっとう》させるという、特別なカリスマ性を持った教師もいますが、これは単に教師の自己満足にすぎません。子どもたちは、こういった押しつけがましい教師の授業からは、自分たちのためになることを、何も得ることはありません。いかに教師が、知識をおもしろく、また覚えやすくするよう努力してみても、子どもたち自身が、本当にその知識を自分たちのものとして欲しなければ、そしてそういう子どもたちの素直な欲求を教師が認めなければ、真の意味での教育とは言えないのではないでしょうか。

私の教師時代に見た授業や、自分が実際に教えた授業のほとんどでは、子どもたちが学ぶ知識のすべての鍵《かぎ》が、大人によって作られているという、そういう前提に立って行なわれてありました。つまり、授業を成り立たせる授業方針とか練習問題は、あくまでも教師の視点から見て、子どもたちにとって何を学ぶのが大事かという、大人による選択によって決められているのです。しかし、私は何年も考えた結果、むしろ生徒たちが授業の中心にあるべきだと、確信しました。教室におけるそれぞれの生徒は、絶えず真剣で、自分の人生を変えそうなものや、決断するためのものを、授業の中から、いかに吸収しようかとアンテナを張っているのです。

ほとんどの教師たちは、指導要綱《ようこう》に準じるように子どもたちが考えていると思い込んでいますが、生徒たちの方は、大人たちが大事だと思うことではなく、授業内容から離れて、自分たちにとって刺激的で、かつ興味深いことを学びとっているのです。多くの子どもたちは、「立派な理由」をもって、授業からは、終始《しゅうし》全く何事も学ばないという体験があるのです。教師時代をふりかえってみれば、子どもたちは授業中、退屈で、お腹《なか》がすき、喉《のど》が渇き、トイレに行きたいといったことで、頭がいっぱいになっていたのだと、今では理解できるようになりました。これが授業の実態で、いかに教師が貴重な教材を用意したところで、それが教育のすべてではないのです。

◉意欲ある学習が意味ある学習

子どもたちが自由に学べるということを、容認しなければいけません。科目ごとに、何分間かけて勉強したかという記録は、まったく意味がありません。いかに自分が学びたいと思う教科と取り組み、どのようにそれが達成されたかということのほうが、大切なのです。私の家庭での教育の体験から言いますと、子どもは本来、強い知的欲求と知識吸収力を持っております。けれども、学校で断片的な知識を記憶させるだけでは、こうした能力は開花《かいか》しないのです。授業が始まるベルが鳴るだけで、興味が自然と湧《わ》き出るなんてことは、絶対にありません。もし、フランス語の授業で興味を感じたなら、地理の授業が次にあるからといって、フランス語への興味が自動的に消えていくものではないのです。フランス語に魅力を感じたら、地理の授業が始まったとしても、フランス語のことを思い浮かべるでしょう。そうすると、授業に集中していないということで咎《とが》められる最悪のパターンになるのです。

家庭での教育を受けている子どもたちは、幸いにも、教室から教室へと移動する悩み多き見込みのない「お勉強」を、体験しなくてもすみます。つまり、何を学びたいのかを考えてから、学び始めることができるのです。そして、十分に興味を満たすことができるまで、学習を続けることができます。幼《おさな》い子どもの場合は、ごく数分間だけ学べば良いのです。すこし年長の子どもは、私も実際に観察したことがありますが、一日中、または数週間にわたって、学習を継続することが可能です。

こういったやり方には、なんら問題がありません。学校に通う子どもたちよりも、ずっと効率よく学習できるのです。学校を出れば、もう二度と思い出したくないと思うようなことを、丸暗記するような時間の無駄は省《はぶ》くべきです。家庭での教育を受けた子どもたちは、芸術と科学全般を知る、ルネッサンス時代の人間にはなれません（学校に通う子どもも、当然なれません）。けれども、何をするにしても、学んだ知識を噛《か》み砕《くだ》き、生活の糧《かて》となりうるように吸収することができるのです。

◉良いバランス感覚

前にも述べましたが、家庭での教育を行なっている親たちは、子どもたちに何を学ばせるのか、どう学ばせるのかといったことを、子どもたち自身に選択させることができます。しかし、実際にやってみると、親たちのごく一部しか、自分たちの息子や娘に、完全な選択の自由を与える勇気を持っていません。家庭での教育を実践しているたいていの親は、自国の言葉の読み書きができ、正確に計算ができ、そして、自国の文化についての常識的な知識をしっかり習得できるような、なんらかの確約《かくやく》が欲しいと思っております。現実の問題として、この親の気持ちもよく分かりますし、その不安も無視することはできません。ですから、その場合は、親は、どうしてこういった知識を学ぶ必要があるのかを、子どもたちと相談しながら、学習をすすめていく必要があります。

たとえば、親は、自分の子どもとじっくりと話しあえば、毎日一定の時間、基礎科目を勉強するのを、子どもに納得してもらうことができます。子どもが、自分自身の希望や興味を心底《しんそこ》から相談して、自分で決めることのできる環境であれば、しかも、一日の時間の大部分が子どもの自由に任《まか》せられていれば、少しばかり固い学習をすることに、ひどい反発をすることはないでしょう。もちろん、本とペンと紙を使った従来の勉強のやり方に、強い抵抗を感じる子どもいるでしょう。こういった抵抗に遭遇《そうぐう》した親は、単なるわがままだというふうに見てしまい、家庭での教育という取り組みそのものを諦《あきら》めようと思いつめるか、あるいは、親の強圧的態度や伝統的な体罰に頼ろうとしがちです。

◉「ゆっくりと急いで」（ラテン語の格言）

急ぐことはないのです。子どもたちと付き合って得た一瞬一瞬の体験から分かったことは、大人が設定した課題に取り組むとき、時間の配分が適切でないということを、子どもたち自身が知っているということです。もし時間を決めた大人たちが、もう少し我慢して待つことができれば、親が学んでほしいと願う知識を、子どもたちは、ちゃんと一日の時間の範囲内で、やり繰りして学習することができるのです。自由な判断を任《まか》せられた子どもたちは、親が学んでほしいと願うことに対して、拒否することはありません。むしろ子どもたちは、親をいっそう信頼し、より広い世界に出会ったときに必要とされる知識を、親に求めはじめるようになるのです。

けれども逆に、子どもたちに学びたいという意欲がないまま、ある教科に無理やり突入すれば、そこには反発しか生まれません。そして、苛々《いらいら》して、混乱をきたすのが落ちです。その場合、親は、落ち着いて次のように言うべきです。「今は、しなくても大丈夫。もっと大きくなったら、きっとできるよ」（または、「気を楽にしたらできるよ」とか、「時間をかければできるよ」）。

◉学校は工場か？

学校教育は、学ぶという過程を工場のラインのような工程《こうてい》に変えることによって、多くの子どもたちの人生を歪《ゆが》めてしまっております。教師と親が学校で学習させていることが子どもたちにとって役立つものでなければ、工場において利益を追求するために従業員に指示しているのと同じです。

家庭での教育は、こういった側面をラディカルに変えることができます。子どもたちは、いかに効率よく生産するかで評価されるような、工場の従業員として扱われることはありません。

何枚ものドリルをこなさなくても、子どもたちには、その時々に必要と思われる事柄を、学んでいく力があります。たとえば、算数の勉強をする場合、親と一緒に買い物リストを作って、それぞれの品物の価格を合計し、実際に買い物に行き、どれだけ実際にお金が要るのかを知ることの方が、「ジョンが五ポンド紙幣を持って三〇ペンスの板チョコを四枚買いました。おつりはいくらでしょうか？」といったドリルの練習問題をするよりも、はるかに高度なことなのです。子どもたちにとっては、計算をしても、買い物の楽しみもなければ、お菓子が手に入るわけでもありません。こういった算数の練習問題は、たとえ正確にできても、心底《しんそこ》から一生懸命になれないのです。その反面、家庭で行なう算数は、暖かい環境の中で、実際の生活、食事、休暇、楽しいこと、くつろぎ、幸せなことと結びついているのです。

家庭での教育をする親たちは、子どもたちがやがて就職をするときに、家庭で教育したことが不利に働くのではないかと心配します。それは当然の心配でしょう。不幸なことに、私たちのポスト工業社会においては、青年たちにとって、高等学校または職業学校の卒業資格がなくては、食べていくための仕事がありません。しばしば、私は家庭での教育を受けている子どもたちに、こう言ってきました。「考えてごらん。ただ体が丈夫なだけでは、雇い主は高給を支払わないんだよ。むしろ知識と技術が必要で、腕力《わんりょく》が強いだけでは食べていけないのが、今の世の中なんだ。満足する生活給を望むなら、それ相当の報酬《ほうしゅう》を支払ってもらえるだけの、技術を習得しなければいけないんだ」と。子どもが望む仕事に就《つ》くために、もし、学校が唯一そういった技術と資格を得るところであれば、強制されてでも、学業を終了しなければならないかもしれません。しかし、私の長年の体験では、家庭での教育を行なっている家族は、資格取得にむけて、通常のルートでなんとかくぐりぬけており、また必要とあれば、高等教育機関の施設も利用して、希望する職業に就《つ》いております。

◉学校でなくても学べる

学校教育は、難易《なんい》度に応じて段階的に知識の習得を進め、継続的に学ぶことを前提にした制度です。その結果として、カリキュラムにおけるすべての科目が、細切《こまぎ》れのレベルに分けられ、はじめはやさしく、そして基本が身につくと徐々に難度が上がるように、工夫されているのです。確かに、こういった指導法は、ある特定の子どもにとっては有効でしょう。しかし、この特定の有効性だけを根拠に、現時点でこの方法が最も効果的であるかのように、教育行政家たちが正当化《せいとうか》するのは、まったくもって馬鹿げております。この指導法は、カリキュラムを細かく分けることによって、多くの生徒たちを、同じ段階に押し並べて、教師が教えたことをどの程度受け入れたか、その到達度を計るやり方です。しかし、何度も繰り返すようですが、家庭での教育を受けている子どもたちは、もっと自然に学ぶことができ、そして思春期において出会う新しい考え方や観念を、かなり早く、そして効果的に吸収することができるのです。

誤解しないでいただきたいのですが、子どもが幼いときには、知的な刺激を与えてはいけないということでは、決してありません。理想的には、マリア・モンテッソーリ[★3]の説が正しいとすると、子どもは、言語、読み書きなどを、一人ひとり、ある特定の時期に学ぶことができるとされています。もし、ある時期に細切《こまぎ》れの知識に出会うたびに、心の扉《とびら》が閉まって、再び開かないということになれば、学びの機会は失われてしまいます。もし、このことが本当であれば（現に私はそう思いますが）、生まれてすぐに、本、絵、音楽、パズル、おもちゃや、さまざまな物語やお話に触《ふ》れさせるのも、一理あると思うのです。家庭では、こういったことは、特に本や器具の購入が可能であれば、容易にできるのです。

「順序よく正しく科目が教えられたかどうか」といったようなことに、親は目くじらを立ててはいけません。むしろ、「子どもたちの手が届くところに、初期教育において必要な刺激を、

★3　マリア・モンテッソーリ（一八七〇～一九五二年）一八九六年に大学付属精神病院の助手となって精神薄弱児の研究に従事し、一九〇七年、ローマのスラム街に「子どもの家」を開設し、ここで後の「モンテッソーリ・メソッド」を実践する。モンテッソーリ・メソッドの特徴は、次の四点にまとめられる。（1）子どもの心は、けっして受動的なものでなく、子ども自身の「生命の計画」に従って、環境と相互に交わりながら自己発展する。（2）したがって、子どもの自由な自己活動を促進するように教室環境が構成されている。たとえば、固定された椅子は置かず、幼児の身体にあわせて掃除用具や生活必需品が作られている。（3）自分でやりたい教具を使って学習する。一人ひとり違うことをしてもよい。（4）徐々にアルファベットの読み方、書き方、算数、数学へと高度な内容に進み、自立して自己決定できる人間になるよう、子どもを主人公としなければならない。幼稚園を創設したフレーベルは「幼稚園の父」と言われるが、モンテッソーリは「世界の幼児の母」あるいは「幼児の心の理解者」と言われている。筧田知義・岡田渥美編『教育学群像――外国編①』アカデミア出版会、一九九〇年、白川蓉子筆、四一四～四二〇頁を参照。

置くことができたかどうか」、そして「子どもたちをとりまく世界を通じて、子どもたちが知りたいと思う気持ちを、十分に汲《く》みとることができたかどうか」ということのほうが、よほど大事なのです。

家庭での教育をする親たちは、自分たちの職業に関する専門的知識を、子どもたちに教えたいと願っています。教育が教育の専門家に委《ゆだ》ねられるようになって以来、一般の親たちが自分たちの持つ技術を子どもたちに教えることは、難しいことだと考えられてきました。これはとても嘆《なげ》かわしいことです。全国には、自動車工学から動物学に至るまで、さまざまな専門知識・技術を持った親たちであふれているにもかかわらず、子どもたちに対して適切に伝えることができなかったり、また学校でしか資格を得られないことから、そういった専門知識・技術を家庭で子どもたちに教えることは、不可能なのだと思い込んでしまって、伝えないでいるのです。

私は、家庭での教育をした父親が、その子どもが十二歳の時から一緒に仕事をして、その後わずか十五歳で、立派な電気技師になった例を知っています。この少年は、やがて専科大学に進み、電子工学の理論を学びましたが、父親のもとで働いたという子どもの時の体験が、その後の彼の人生に大きな自信を与えたようです。もし従来のように、十六歳になってから仕事に就《つ》けばいいと考えていれば、それだけの密度の濃い実地《じっち》体験をすることはなかったでしょう。

家庭での教育を行なうことの価値を、ここにも見いだすことができます。

家庭での教育は、それぞれの家庭によって教育内容が異なります。ある親は、子どもをとりまく実際の環境を用いて、教育をするかもしれません。またある親は、教育らしい教育をするために、多くの課題を導入するかもしれません。どんな教育をするにせよ共通して言えることは、何も特別に理想的な家庭でないと教育ができないということでは、決してないのです。そんな特別に理想的な家庭で教育をする家庭は、存在しないということです。

今世紀の大半は、ゆっくりとですが、西洋社会の資本主義化に応《こた》えるようにして、教育制度が整備されていきました。イギリスの公立教育は一〇〇年前に始められ、階級社会の構成員として、その役割を十分にこなすために必要とされる知識を身につけさせるために企てられました。多くの人びとは、従順に仕事を良くこなしながら、中流・上流社会に対しては服従することを期待されました。

それから一世紀たった今、コンプリヘンシブ教育が一般的な常識とされて、中流階級において重視されています。そして、試験によって得られる学問と資格が、教育の目的であるという考え方が定着し、すべての子どもたちが、それにむかって目指すべきだとされたのです。私の少年時代の四、五〇年前は、イギリスの子どもたちの七〇パーセントが、無資格のまま学校を去り、工場で単純労働（当時は工場も多かった）に就《つ》くしかありませんでした。

近年、子どもたちは、政府認定試験を受けることができるようになったのですが、同時に試験の合格率が拡大され、試験科目について僅《わず》かな知識しかなくとも、成績がDかEでも、合格者が輩出《はいしゅつ》されるようになったのです。こういった紙切れの資格だけで、本当に学力のある人たちと労働市場で競争すれば、やはり雇い主は真の能力がある人を雇いますので、実力のない人には途方もない挫折《ざせつ》感をもたらしているのです。

どちらかというと職業教育に目が向いている子どもたちが、中流階級志向の教育文化と、グラマースクールの中の伝統ある私立学校であるパブリックスクール（公立学校と間違って呼ばれていますが）との狭間《はざま》に立たされて、引き裂かれているのです。こういった矛盾を感じる子どもたちにとって、家庭での教育は、もうひとつの教育の可能性を提起することができると考えます。学校では子どもたちを、「遅滞《ちたい》学習者」、「知恵遅れ」、「進学組」、「就職組」といった、安直で破壊的なレッテルで分類しますが、このレッテルは子どもたちに、一生涯つきまといます。しかし家庭での教育では、こういったレッテルから、子供たちを守ることができます。

子どもたちに、その性格傾向や知的能力のレベルを決めつけることによって、ある職業に就こうとすることを妨《さまた》げたり、または、社会の中の定められた場所に閉じ込めるわけです。こういったやり方は、保身的な技術者や、古いしきたりを擁護《ようご》する人たちにとっては、満足がいくものかもしれません。西洋諸国においては、自由、個人の人権、平等、機会均等、民主主義に立脚する人間尊重といった価値は、どうやら存在しないようです。

子どもたちが学校から離れて、家庭での教育を受けることによって、親たちは子どもたちに、意欲と自信を与えることができます。たとえその時に理解できない難しい知識に出くわしたとしても、時間がたってもう少し大きくなれば、分かるようになるものです。ですから、家庭での教育を受けている子どもたちが、難解な問題にぶつかったら、親は「もしできれば、いま問題を解《と》いてごらん。もし解けなくても、もう少し大きくなれば、簡単に解けるようになるよ」という、はかりしれない価値ある言葉を、子どもに言えるでしょう。

学校教育では、こういったやり方は容認されません。むしろ怠惰《たいだ》であるとしか見られません。学校は、正しい答えを求める所で、その場で即答《そくとう》することが重視される所です。何回も繰り返される間違いは、たとえそれが成功の道であったとしても、そういうゆったりとした時間はとれません。学校では、テストによる結果だけが求められ、豊かで、深く、そして一生高めていくことのできるものを、試行錯誤しながら試《ため》していくプロセスや、問題が解ける前提としての理解力は、ほとんど評価されないのです。それに対して、家庭での教育は、教師経験は未経験ながらも、子どものすることに対して、愛情をもって見守ったり励《はげ》ましたりすることができますし、また、やり遂げた結果や、その努力や熱意、取り組む姿勢を（やり遂げた結果以上に）、誉《ほ》めてあげることができるのです。

このことはとても大事なことで、子どもにとって、なによりも大切なことなのです。大人は仕事の成果を出すことだけを重視しますが、それは雇い主が給料の支給の代わりになるものを求めるからです。しかし、子どもたちは、やり遂げたことよりもむしろ、それまでに準備したり、考えたり、試したりするプロセスのほうを、楽しむものなのです。

たとえば、子どもが模型を作るとき、塗料をはがしたり細かい部品をくっ付けたりするのに何時間もかけますが、いざ出来上がってそれで遊ぶとなると、十分ほどで飽《あ》きてしまい、完成した模型を横にほったらかしにして、別のことをやりだすのを、皆さんもよくご存知でしょう。大人にとっては、無責任で移《うつ》り気《ぎ》なこととして映るでしょうが、子どもにとっては、いたって正常で健全な行為なのです。

◉子どもの行為に見られる原則

子どもを教育するときには、家を建設したり、飛行機の模型を組み立てたりするよりも、より高度でファジーな技術が要求されます。私の経験では、良い教育とは、断片的な知識にこだわるのではなく、ラテン語の格言を引用すれば「必要ナ変更ヲ加エテ」★4（ムタティス・ムタンディス）ということだと思います。ここに記《しる》す子どもたちの行為の原則は、私が思いつくままに述べたものです。

① 子どもたちの行為には、大人が見た時点では不可解なものでも、それなりのちゃんとした理由が絶えずある。

② 良い教育とは子どもたちが自発的に質問しだしたときに始まる。大人たちから関心のないことを言われて、それをただ黙って聞くということではない。

③ 子どもたちは、炎が燃えるためには酸素が必要なように、また魚が泳ぐためには水が必要なように、活発な行為が絶対に必要である。

④ 物事を学ぶとき、たとえ算数のように長年の学習が必要で、いつも日常的に使われる科目でも、学習を始めるのが幼《おさな》ければ幼いほど良いというものではない。子どもたちがその知識を必要とするまでは教えることなく、ゆっくりと待つほうが得策である。

⑤ 初等教育を終えるときにたとえ知識がいっぱい詰まっていても、もう二度と勉強はイヤと思ってしまうよりは、それほど知識がなくとも、好奇心が旺盛《おうせい》なほうが良い。

⑥ 恐怖をともなって得た知識は、奴隷がつながれている鎖《くさり》のようなものである。どんな

★4 ムタティス・ムタンディス（mutatis mutandis）ラテン語。「必要な変更を加えた後で」という用語。「文字通りの意味に近く言えば」とか、「変更されるべき事柄がちゃんと変更を加えられたので」という意味。apply the law mutatis mutandis「法律を準用する」というときに用いられる。

に貴重な金属でできていても、鎖《くさり》は鎖である。

⑦「だめ！」と言うのはやさしいが、それは必ずしも良い教育とは言えない。良い教育は、悪い教育とは違って、絶えず向上を求めるものであるが、大人にとっては、不確かで不都合なものかもしれない。

⑧活発な心は挑戦し、鈍感《どんかん》な心は従うだけである。

⑨良い教育とは好奇心を常に満たすものである。

⑩失敗しても、もう一度やり直せることが大切である。

⑪子どもと年齢との関係は、単に年代順的なもので、決して幼いときに、早くやり始めれば良いというものでもない。

⑫もし、子どもたちを、無気力、怠けもの、悪たれなどと決めつければ、その子は当然、そういった子になる。逆に、子どもたちの中の、旺盛な好奇心、活発さ、発見することや実験することを楽しみとする性質、こういった生き生きした素質を尊重するならば、子どもはこの素質を十分に発揮することができる。極めて皮肉なことに、この正反対の態度は、両方とも本当なのである。つまり、教える側の心持ちが、どういう子どもに育つかに反映するのである。良い子か悪い子か、賢いか馬鹿かといったように、どのように子どもを見るかによって、子どもの素質を伸ばすことにも潰《つぶ》すこと

にもなる。
⑬ 遊びは子どもの仕事である。そして遊びは時間がかかる。
⑭ 子どもが大人に対して同調するのは、決して大人の言い分が正しいからではなく、そうすることの方が楽だからである。
⑮ 子どもを批判したり、自信を失わせるようなことは、絶対にしてはならない。また罰を加えることもしてはいけない。大人も、子どもと同じように、人生において無知で未熟なところがたくさんあるので、そう思えば、毅然《きぜん》と構《かま》えることができ、たとえ罰を加えなければならない場合でも、許すことができる。

◉子ども中心主義の思想はまだ生きている

以上に述べた教育に関する基本原則は、一九六〇年代のイギリスにおける、一般的な子ども観を良く表わしています。しかし、多くの英国人は、こういった子ども観が、一九八〇年代に登場したマーガレット・サッチャー政権の下での、強い権威主義的風潮によって、壊滅《かいめつ》的な状態に追いやられたと感じています。大人が、子ども中心の方法および手法を否定することはよくあることですが、それは、子どもたちが自分たちの立場を認めてもらうよう、擁護したり主張したりする声を持たないことに、付け込んでいるのです。

私が主張する主な理由は、権威のまっただ中にいる人が、突然、子ども中心の教育が従来の教育方法に優っているとは、認めるはずがないという状況認識に基づいております。イギリスの教育の歴史において、長期展望にたって教育改革を見つめることは、今まであったためしがありません。教育にたずさわる指導的立場にある人びとは、難関の試験をくぐり抜けてきた生徒のことだけを評価してきました。しかし、こういった生徒たちの心の成長に、学校教育がいかなる影響を及ぼしているのかについて、真剣に研究されてきませんでしたし、残念ながら、これからもされることはないでしょう。

次の世紀において確かなことがあります。それは、教師は知識と情報を特別に供給できる資格者ではなくなるということです。教師は、あいかわらず重要な役割を演じると思いますが、信頼できる知識の源泉《げんせん》としての「預言者《よげん》」、生徒たちをどのように勉強させるのかに通じている「唯一の人」では、もはやなくなるでしょう。

つまり、一連の教科に関わる全てのこと、そして学校のすべての科目の試験にパスするのに必要な詳しい情報は、一枚のCD-ROMに収められる時代が到来したのです。少しの訓練で、どの子どもでもコンピュータを用いて、適切な情報を検索《けんさく》できるようになりました。一人で、または複数で、このディスクを使うことによって、従来学校で教えられてきた科目を学び、応用し、そして試験にパスすることができます。クラス全体を教えること（イギリスの学校における不可侵《ふかしん》の儀式）は、もはや必要でなくなり、また、クラス全体の生徒をいかに統制《とうせい》するかといった問題は、いっそう薄らいでいくことでしょう。教師は、生徒が本当に求めているときにだけ登場し、ただ状況に応じて、生徒に時間をたっぷり与えればよいのです。

もちろん、旧式のやり方は今や消滅しようとしているのだと、軽率《けいそつ》に口走ることは容易なことです。逆に、旧態依然《きゅうたいいぜん》のやり方にしがみついて、まるでロマンチックな騎士《ナイト》気取りで、古いやり方を守ろうとする反動もあります。いずれにせよ、新しいものに取って代わるためには、媒介的《ばいかい》なものが必要となります。現代のテクノロジーは、継続した教育を行なう上で、媒介や手段として使うことができます。

コンピュータは、教師が「チョークとトーク」〔黒板に字を書いたり話したりすること〕によるよりも、もっと長時間、そして確実に、子どもたちの興味を掴《つか》むことができます。教師がどんなに忍耐強くても、CD-ROM搭載《とうさい》のコンピュータは、生徒が自由に酷使《こくし》しても、つねにそれに黙って対応しますし、使い方が悪いからといって批判したり、悪い成績になるからといって脅《おど》したりはしてきません。つまり、教える側と教えられる側の間の、あるいは、生徒と生徒との間の、直接的なコミュニケーションを妨《さまた》げる、教師の特異《とくい》な性格といったことが、解消《かいしょう》されるのです。そして、子どもたちは、学習に専念《せんねん》することができるのです。

コンピュータによる個人単位の学習法が普及できない阻害《そがい》要因があるとすれば、それは大人の社会が長い年月、権威に強く従属したために、社会的に危険で異端な思想がはびこるのを恐れたからだと思います。もしこれが理由で学校を唯一の教育手段と決めつけるならば、率直で、進歩的で、聡明《そうめい》な人びとが立ち上がって次のように言わなくてはなりません。

「教育は私たち大人のためにあるのではない。学校教育に大人がどれだけ満足しているかは、大事なことではない。私たち大人にとっては、学校教育が残りの人生を大きく変えることは、もうありえないだろう。しかし、子どもたちにとっては、学校教育は、良いことか、悪いことか、そのことから一瞬たりとも離れることができないほど、大きな影響を与えている。もし、学校で学ぶということが、子どもたちの知的能力をだめにし、そして学ぶことに興味とやる気を失わせているとしたら、それでもなお、学校教育の価値を認めたり称賛《しょうさん》したりできるだろうか。それは悪い教育であることに違いない。そして、学校教育が強制であるがゆえに、それは生徒の基本的人権を踏《ふ》みにじるものなのだ。」

訳者あとがき

『義務教育という病い』の原書には、「いかにして子どもたちはファシズム思想を吸収するのか」という副題がついています。著者のクリス・シュート氏はイギリスの公立学校の教師を二五年間勤めました。そのみずからの体験をもとに、学校社会はファシズムが縮図化されたものであることを、この書のなかで明らかにしています。彼は、義務教育が子どもたちの精神的・社会的発達にとって、いかに危害があるかを説いています。子どもたちの成長過程において、「学校は良いところではない」という基本的な考えに立っているのです。

彼によると、学校とは、ほとんどの子どもたちを単に従順であるように訓練し、厳格な規律のもとに子どもたちを統制するところなのです。学校は、生徒を掌握するには教師にとって好都合で、しかも親たちを満足させ、子どもたちを育てるのに計算できることから、社会制度として定着してきました。しかし、子どもたちの多くは、成長するにつれて気難しく、また反社会的で教養からかけ離れた存在となり、学校にいる間は良いのですが、社会に出た後、その結果が散々なものとなるのです。

クリス・シュート氏は、根本的に「学校は本来楽しいところでなければならない」と考えています。生徒が興味のあることを主体的に自分のペースでゆったりと取り組むことができ、また疑問や批判的な考え方に教師が真面目に答えてくれる、そんな学校であるべきだと言います。また、教師自体が問題なのではなく、学校そのものの仕組みや体制に、義務教育の病いの原因があるのだということを強調しています。

本書の第二部は、シュート氏が退職してから実践した、家庭での教育についての思いと体験を、新たにシュート氏が書き下ろしてくれたものです。第一部で語られたシュート氏の考えが、ホーム・エデュケーションの実践を通して具体的に述べられています。また、シュート氏には、この本を読む際の案内として、本書の冒頭で、一九六〇年以降のイギリスの教育制度の変遷の概要をまとめていただきました。

クリス・シュート氏は、イギリスの教育の問題を自らの体験を通じて書いていますが、彼の思いと考えは、日本の学校教育が直面する不登校や学級崩壊の問題とあわせて考える時、多くの有益な示唆を与えてくれるのではないかと思います。子どもたちが生き生きと成長し、そして自分の考えを持ち、学校から離れてもしっかりと生きていくためには学校教育はどうあるべきかを考えさせてくれる本だと思います。

このショッキングな題の本を訳すことになったのは、「世界で最も自由な学校」と言われているイギリスのサマーヒル学校の教師をしていたジョン・ポッター氏に、この書を紹介していただいたことがきっかけとなりました。ポッター氏とは岡村達雄・尾崎ムゲン編『学校という交差点』（インパクト出版）で共同執筆しましたが、編者の尾崎ムゲン氏は、この書を翻訳することを強く勧めてくれ、また出版社を見つけてくれることから色々な場面で力になってくれました。しかし、尾崎ムゲン氏は今年の十月に病気で逝去され、この本の出版が遅れたことがとても残念です。また、出版にあたっては龍谷大学の杉村昌昭氏そして松籟社の編集者の竹中尚史氏と夏目裕介氏に大変お世話になりました。最後に著者のクリス・シュート氏には、阪神・淡路大震災以前に翻訳をはじめながらも大変時間がかかったことをお詫びしたいと思います。なお、表紙および各章の挿し絵は、神戸のイギリス系外国人学校「聖ミカエル国際学校」の生徒の絵を使わせていただきました。こころよく許可を与えてくれたポール・ロジャーズ校長に感謝いたします。

二〇〇二年十二月

呉　宏明

著者紹介

クリス・シュート　Chris Shute

1941年イギリス・トルケー生まれ。1964年、ロンドン大学卒業。イギリスの公立学校（中学・高校）でフランス語、ラテン語を教える。定年後、家庭での教育（ホーム・エデュケーション）を実践。主な著書に『アリス・ミラー――残酷な社会に生きて』Alice Miller, The Unkind Society, Educational Heretics Press, 1994,『エドモンド・ホルムスと教育の悲劇』Edmond Holmes and the Tragedy of Education, Educational Heretics Press, 1998（いずれも未邦訳）がある。

訳者紹介

呉　宏明（ご・こうめい）　KOMEI GO (KURE)

1946年生まれ。現在、京都精華大学人文学部教授。論文に「植民地教育をめぐって――台湾・朝鮮を中心に」（『帝国議会と教育政策』思文閣出版）、「近代日本の台湾認識」（『近代日本のアジア認識』緑陰書房）、「日本の中の国際学校」（『学校という交差点』インパクト出版会）等がある。訳書：スティーヴン・ハンフリーズ『大英帝国の子どもたち――聞き取りによる非行と抵抗の社会史』（山田潤・フィル・ビリングズリー・呉宏明監訳）柘植書房新社。

義務教育《ぎむきょういく》という病《やま》い――イギリスからの警告《けいこく》

2003年2月20日 初版発行

定価はカバーに
表示しています

著　者　クリス・シュート
訳　者　呉　宏明
発行者　相坂　一

〒612-0801　京都市伏見区深草正覚町1-34
発行所　㈱松　籟　社
SHORAISHA（しょうらいしゃ）

電話　075 - 531 - 2878
FAX　075 - 532 - 2309
振替　01040-3-13030

印刷　㈱太洋社
製本　吉田三誠堂製本所

Printed in Japan

 ISBN 4-87984-222-2　C0037